KB094839

mp3 파일 다운로드 무작정 따라하기

길벗이지톡 홈페이지(www.gilbut.co.kr) 회원(무료 가입)이 되면 오디오 파일 및 관련 자료를 다양하게 이용할 수 있습니다.

1단계	로그인 후 도서명 ▼ [　　　　　　] 검색 에 찾고자 하는 책 이름을 입력하세요.
2단계	검색한 도서로 이동하여 〈부록/학습자료〉를 클릭하세요.
3단계	mp3 및 다양한 자료를 받으세요

독자의 1초를 아껴 주는 정성!

세상이 아무리 바쁘게 돌아가더라도
책까지 아무렇게나 빨리 만들 수는 없습니다.
인스턴트 식품 같은 책보다는
오래 익힌 술이나 장맛이 밴 책을 만들고 싶습니다.

길벗이지톡은 독자 여러분이
우리를 믿는다고 할 때 가장 행복합니다.
나를 아껴 주는 어학 도서,
길벗이지톡의 책을 만나보십시오.

독자의 1초를 아껴 주는
정성을 만나보십시오.

미리 책을 읽고 따라 해 본 2만 베타테스터 여러분과
무따기 체험단, 길벗스쿨 엄마 2% 기획단,
시나공 평가단, 토익 배틀, 대학생 기자단까지!
믿을 수 있는 책을 함께 만들어 주신 독자 여러분께 감사드립니다.

홈페이지의 '독자마당'에 오시면
책을 함께 만들 수 있습니다.

(주)도서출판 길벗 www.gilbut.co.kr
길벗이지톡 www.gilbut.co.kr
길벗스쿨 www.gilbutschool.co.kr

하루
3분

우리말
맞춤법

길벗
이지:톡

하루 3분, 우리말 맞춤법
150 Common Mistakes in Korean
-Grammar & Expressions

초판 1쇄 발행 · 2013년 8월 31일
초판 9쇄 발행 · 2021년 12월 20일

지은이 · 김주우
발행인 · 이종원
발행처 · (주)도서출판 길벗
출판사 등록일 · 1990년 12월 24일
주소 · 서울시 마포구 월드컵로 10길 56(서교동)
대표 전화 · 02)332–0931 | **팩스** · 02)323–0586
홈페이지 · www.gilbut.co.kr | **이메일** · eztok@gilbut.co.kr

기획 및 책임 편집 · 신혜원 | **제작** · 이준호, 손일순, 이진혁 | **마케팅** · 이수미, 장봉석, 최소영
영업관리 · 김명자, 심선숙 | **독자지원** · 윤정아, 홍혜진

편집진행 및 교정 · 장종진, 최수복 | **본문 디자인 및 전산 편집** · 한효경 | **표지 디자인** · 배진웅
삽화 · 최정을 | **오디오 녹음** · 와이알미디어 | **CTP 출력 및 인쇄** · 북토리 | **제본** · 금강제본

ISBN 978-89-6047-775-9 03710
(길벗 도서번호 300667)

정가 12,000원

_____

독자의 1초까지 아껴주는 정성 길벗출판사
(주)도서출판 길벗 | IT실용서, IT/일반 수험서, IT전문서, 경제경영서, 취미실용서, 건강실용서, 자녀교육서
더퀘스트 | 인문교양서, 비즈니스서
길벗이지톡 | 어학단행본, 어학수험서
길벗스쿨 | 국어학습서, 수학학습서, 유아학습서, 어학학습서, 어린이교양서, 교과서

페이스북 · www.facebook.com/gilbuteztok
네이버 포스트 · http://post.naver.com/gilbuteztok
유튜브 · https://www.youtube.com/gilbuteztok

하루 3분

우리말 맞춤법

경쟁력을 높이는 작은 습관

SBS 아나운서 김주우 지음

길벗
이지:톡

우리말 실력이 경쟁력입니다!

"아나운서는 우리말의 전문가이자 국어교사가 되어야 한다."

이 말은 제가 방송국에 갓 입사했을 때, 한 아나운서 선배가 제게 한 말입니다. 돌이켜 보면, 그때부터 이 말은 제 마음 속에서 일종의 사명 같은 역할을 한 것 같습니다. 다른 어떤 실수보다도 방송에서 우리말을 잘못 썼을 때가 가장 창피하게 느껴졌으니까요. 그런데 그런 순간이 생길 때마다 들었던 생각이 있었습니다. '어떻게 하면 우리말을 보다 쉽게 기억하고 정확하게 쓸 수 있을까?' 이 책의 집필은 바로 이런 고민으로부터 시작됐습니다.

쉬운 우리말, 재미있는 퀴즈로!

지금까지 방송이나 강의를 하면서 느꼈던 사실은, 막연히 우리말을 어렵다고 생각하는 사람들이 상당히 많다는 것이었습니다. 그건 아마도 국어라고 하면 복잡한 어법만을 떠올리거나, 학창시절의 수험 과목으로 인식하는 경향이 강해서 생긴 현상이 아닐까 싶습니다. 바로 이런 편견을 깨고 독자들이 우리말에 좀 더 쉽게 다가갈 수 있게 하기 위해, 재미있는 퀴즈 형식을 빌려 이 책의 내용을 구성했습니다. 차근차근 퀴즈를 풀어 나가다 보면, 여러분도 어느새 우리말 달인이 되어 있을 것입니다.

바로 활용하는 생활 우리말!

이 책에선 일상에서 널리 쓰이는 표현들 중, 사람들이 의미나 용법을 잘못 알고 있거나 자주 틀리는 것들을 우선적으로 선정했습니다. 아무리 좋은 지식이라도 실생활에서 활용할 수 없다면 무용지물이니까요. 그리고 독자의 학습 성취도를 높이기 위해 각 표현들을 수준별 3단계로 구분하여 정리했습니다. 특히, 등장인물들이 생활 속에서 대화하는 형식을 통해, 독자들이 흥미롭게 내용에 접근할 수 있도록 했습니다. 또한, 현재의 수준에 크게 구애받지 않고 누구나 우리말을 쉽게 이해할 수 있도록 기본적이면서 간결한 설명도 덧붙였습니다.

우리말 습관, 하루 3분 투자로!

바쁜 일상에 쫓기는 현대인에게 많은 시간 투자를 요구하는 건 무리일지도 모릅니다. 하지만 하루 단 3분의 투자로 자신의 가치를 높일 수 있다면 어떨까요? 이 책은 바로 이 점에 주목해서, 독자들로 하여금 최소한의 노력으로 최대한의 보람을 느낄 수 있도록 내용을 구성했습니다. 자투리 시간을 활용하여 올바른 우리말을 매일 꾸준히 익힌다면, 일상 대화는 물론, 각종 발표나 회의 상황에도 한층 더 자신 있게 임할 수 있을 것입니다.

한 나라의 언어는 개인의 품격을 드러내고, 국민의 얼과 문화를 나타내며, 국가의 경쟁력을 결정하는 매우 중요한 요소입니다. 그런데 요즘 주위를 보면, 안타깝게도 우리말과 글이 훼손된 경우가 참 많습니다. 이런 언어 오염이 더 심각해지기 전에 소중한 우리말을 아끼고 가꾸려는 노력이 무엇보다도 절실합니다. 모쪼록 이 책이 독자들에게 우리말에 대한 관심과 애정을 고취하고, 올바른 언어생활을 해 나가는 데 마중물의 역할을 할 수 있길 기대합니다.

끝으로 이 책이 출간되기까지 도와주신 길벗출판사의 모든 분들과, 사랑하는 가족, 친구, 동료들에게 감사의 말씀을 전합니다.

SBS 아나운서 **김주우**

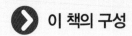 **이 책의 구성**

이 책은 올바른 우리말을 좀 더 효과적으로 익힐 수 있도록 '준비하기-연마하기-확장하기'의 총 3단계로 나뉘어졌습니다. 특히 '연마하기' 단계에서는 수준별로 50개씩, 총 150개의 퀴즈를 재미 있는 삽화와 함께 풀어 볼 수 있습니다. 실생활에서 틀리기 쉬운 맞춤법과 표현을 바로잡고 우리말 수준도 한층 더 높여 보세요.

준비하기

현재 자신의 수준을 진단해 보고
필수 우리말 상식도 익혀 봅시다.

연마하기

'초보 탈출-고수 도약-달인 탄생'의 3단계를
차근차근 밟으면서
우리말 실력을 강화해 봅시다.

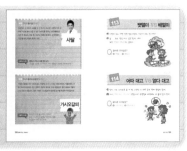

확장하기

SNS, TV 프로그램 자막 등 실생활에서 틀리는
우리말을 짚어 봅니다. 그리고 '우리말 낭독 연습'
으로 맞춤법 및 표현은 물론, 띄어쓰기와
발음까지 공략해 보세요.

이 책의 학습법

이 책의 각 단계는 긴밀하게 연계되어 있습니다. 다음 학습법에 따라 책을 보면 가장 빠르고 효과적으로 우리말을 배울 수 있습니다. 하루 3분으로 평생 우리말 실력을 만들어 보세요!

⏳ 1분 퀴즈 속 대화를 보면서 어떤 표현이
올바른 표현인지 맞혀 보세요.

⏳ 2분 답을 골랐으면 뒷장의 정답을 확인합니다.
친절한 설명과 함께 표현을
활용한 또 다른 예문도 있습니다.

⏳ 3분 답을 틀렸으면 앞장의 확인란에
☑ 표시를 하고 다시 한 번 읽어 보세요.
나중에 표시한 부분만 모아서 다시 본다면
확실하게 내용을 익힐 수 있겠죠?

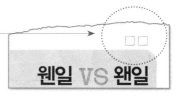

목차

셋째 마당 : 확장하기

생활 속 우리말 178

우리말 낭독 연습 192

색인 202

등장 인물 소개

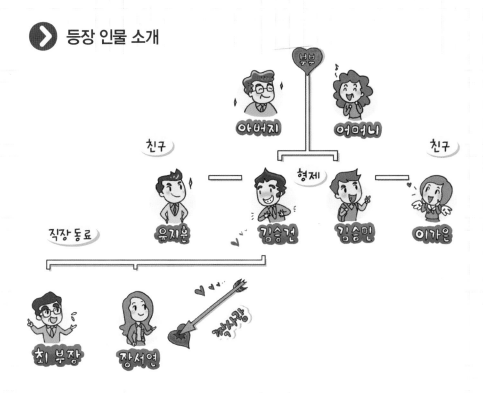

아버지 50대의 나이에도 불구하고, 늘 젊은 감각과 유연한 사고를 유지하는 멋쟁이. 아내한테 약하다는 것이 유일한 약점.

어머니 감수성 풍부한 소녀 감성의 소유자. 하지만 자식 교육이나 집안일에 있어서는 철의 여인으로 돌변.

김승건 자타 공인 낙천주의. 항상 열정과 활기가 넘치지만, 알고 보면 허점투성이. 서연을 열렬히 짝사랑하는 중.

김승민 승건의 동생. 구속 받는 걸 가장 싫어하는 자유로운 영혼. 그러나 여자친구인 가은한테는 365일 구속 상태.

장서연 승건이 짝사랑하는 미모의 여사원. 취미도, 성격도, 천생 여자인 현대판 현모양처지만, 신은 그녀에게서 눈치를 앗아감.

유지훈 승건의 죽마고우. 학교는 물론 직장까지 같아, 거의 형제나 다름없는 친구. 반듯한 외모와 성격을 가진 전형적인 엘리트.

이가은 애교가 넘치는 발랄한 성격. 승민의 동갑내기 여자친구지만, 가끔 누나처럼 느껴질 때가 있을 정도로 성숙한 여고생.

최 부장 승건의 상사로, 실적 제일주의의 다혈질. 공과 사를 확실하게 구별하려고 노력하지만, 은근히 정에 약한 인물.

01
첫째 마당
준비하기

우리말 수준 진단

우리말 수준 진단

대부분의 사람들이 마치 숨을 쉬듯 우리말을 자연스럽게 사용하고 있습니다. 하지만 자세히 들여다보면, 평소에 당연하거나 쉽다고 생각했던 표현들조차 잘못 쓰고 있는 경우가 상당히 많습니다. 무엇보다도, 맞춤법을 제대로 익히고 단어의 정확한 뜻을 이해하려는 노력이 필요하겠죠? 아래의 퀴즈를 차근차근 풀면서, 현재 자신의 우리말 수준은 어느 정도인지 스스로 진단해 봅시다!

※ 둘 중 올바른 표현에 ○표 하세요. 단, 답이 둘인 경우도 있습니다.

01 해가 지자 곧 (칠흑 / 칠흙) 같은 어둠이 밀려왔다.

02 나는 술 마신 다음 날에는 꼭 (북어국 / 북엇국)을 먹는다.

03 그는 고향을 떠나 (홀홀단신 / 혈혈단신)으로 유학길에 올랐다.

04 하객 설문 조사에서 결혼식 피로연 음식 중, (뷔페 / 부페) 음식이 1위를 차지했다.

05 손님, 값을 (치루지도 / 치르지도) 않고 그냥 가시면 어떡해요?

06 그 배우의 (가는 / 얇은) 팔을 보니 신기하기도 하고 부럽기도 했다.

07 주민들이 몰래 갖다 버린 음식 (찌끼 / 찌꺼기) 때문에 악취가 진동한다.

08 담배는 건물 밖이나 (휴게실 / 휴계실)에서 피우세요.

09 소문을 들은 그녀는 이내 (어의없다는 / 어이없다는) 표정을 지었다.

10 그는 긴장한 탓인지, 회의 시간 내내 (생뚱맞은 / 쌩뚱맞은) 말만 늘어놓았다.

11 아침 식사로 (스프 / 수프) 한 그릇만 먹었더니 오전 내내 배가 고팠다.

12 창 (넘어 / 너머) 보이는 하늘이 오늘은 더욱 파랗다.

13 그 아이는 (오뚜기 / 오뚝이)처럼 벌떡 일어나 다시 달리기 시작했다.

14 시어머니께서 (아구찜 / 아귀찜)을 맛있게 만드는 비법을 알려 주셨다.

15 선생님은 (우레 / 우뢰)와 같이 큰 소리로 나를 꾸짖으셨다.

16 그는 마음에 찔리는 구석이 있는지, (괴변 / 궤변)을 늘어놓았다.

17 올해엔 (옥수수 / 강냉이) 작황이 좋아서 수확량이 두 배나 늘었다.

18 올해 5살이 된 내 동생은 동네에서도 유명한 (개구쟁이 / 개구장이)다.

19 느닷없이 불어닥친 태풍 때문에 집안이 (풍지박산 / 풍비박산)이 됐다.

20 요즘엔 이 주변에서 (사글세 / 삭월세) 방 하나 구하기도 쉽지 않다.

21 몇 개가 빠졌는지, (갯수 / 개수)를 차근차근 잘 세어 보아라.

22 (위층 / 윗층)에 사는 부부가 밤새 싸우는 바람에, 한숨도 못 잤다.

23 삼촌은 담배 연기를 뿜어 (도넛 / 도너츠) 모양을 만들었다.

24 꼬마가 던진 (돌맹이 / 돌멩이)에 맞아 눈가에 멍이 들었다.

25 특히, 그녀의 (초생달 / 초승달) 같이 길고 가는 눈썹이 예뻤다.

〉 정답 확인

어떠셨어요? 아마 답이 헷갈리는 문제도 있고, 답을 자신 있게 고른 문제도 있었을 텐데요,
모두 채점한 후 맞힌 개수를 진단표와 비교하여, 자신이 어느 단계에 해당하는지 확인해 보세요.
그 단계가 바로, 여러분이 우선적으로 집중 공략해야 할 단계입니다!

01 해가 지자 곧 칠흑 같은 어둠이 밀려왔다.
옻칠처럼 검은 빛깔을 의미하는 '칠흑'. 어원에서 먼 '칠흙'이 아닌, 어원에 근접한 '칠흑'이 표준어입니다.

02 나는 술 마신 다음 날에는 꼭 북엇국 을 먹는다.
'북엇국'은 '북어+국'으로 이루어진 합성어입니다. 뒷말인 '국'의 첫소리가 [꾹]으로 소리 나기 때문에,
사이시옷 현상에 의해 '북엇국'으로 써야 합니다.

03 그는 고향을 떠나 혈혈단신 으로 유학길에 올랐다.
혈혈단신(孑孑單身) : 의지할 곳이 없는 외로운 홀몸. '홀홀단신'은 '혈혈단신'의 잘못입니다.

04 하객 설문 조사에서 결혼식 피로연 음식 중, 뷔페 음식이 1위를 차지했다.
'뷔페'는 프랑스어가 어원으로, 원어의 발음을 표기의 기준으로 삼아 '뷔페'로 씁니다.

05 손님, 값을 치르지도 않고 그냥 가시면 어떡해요?
'치르다'는 주어야 할 돈을 내거나, 어떤 일을 겪는다는 의미를 가지고 있습니다.
'치루다'는 '치르다'의 잘못입니다.

06 그 배우의 가는 팔을 보니 신기하기도 하고 부럽기도 했다.
팔이나 다리처럼 길고 입체적인 대상의 굵기를 표현할 때는 '가늘다'를 씁니다.
'얇다'는 층이 있거나 평면적인 대상에 쓰입니다.

07 주민들이 몰래 갖다 버린 음식 찌끼 / 찌꺼기 때문에 악취가 진동합니다.
'찌끼'는 '찌꺼기'의 준말로, 둘 다 복수 표준어입니다.

08 담배는 건물 밖이나 휴게실 에서 피우세요.
휴게실(休憩室)의 '게'는 본음과 발음 모두 [게]입니다. '휴게실'은 '휴게실'의 잘못입니다.

09 소문을 들은 그녀는 이내 `어이없다는` 표정을 지었다.

'어이없다'의 '어이'는 상상 밖의 엄청나게 큰 사람이나 사물을 뜻하며 주로 '없다' 앞에 쓰입니다. '어의'는 이와는 전혀 다른 뜻으로, '어이'의 잘못입니다.

10 그는 긴장한 탓인지, 회의 시간 내내 `생뚱맞은` 말만 늘어놓았다.

말과 행동이 상황에 맞지 않고 엉뚱할 때, '생뚱맞다'고 합니다. '쌩뚱맞다'는 '생뚱맞다'의 잘못입니다.

11 아침 식사로 `수프` 한 그릇만 먹었더니 오전 내내 배가 고팠다.

외래어 표기법에 따라, soup의 발음을 살려 '스프'가 아닌 '수프'로 표기합니다.

12 창 `너머` 보이는 하늘이 오늘은 더욱 파랗다.

'너머'는 높이나 경계로 가로막은 사물의 저쪽을 뜻하는 명사로, 높이나 경계를 나타내는 명사 뒤에 쓰입니다. '넘어'는 동사 '넘다'의 활용으로, 어떤 경계를 건너 지날 때 씁니다.

13 그 아이는 `오뚝이`처럼 벌떡 일어나 다시 달리기 시작했다.

'오뚝이'는 '오뚝'이라는 어근에 접사 '이'가 결합되어 만들어진 파생어입니다.

14 시어머니께서 `아귀찜`을 맛있게 만드는 비법을 알려 주셨다.

'아귀'는 아귓과의 바닷물고기입니다. '아구찜'은 '아귀찜'의 잘못입니다.

15 선생님은 `우레`와 같이 큰 소리로 나를 꾸짖으셨다.

'우레'는 '천둥'을 뜻하는 고유어입니다. 이를 한자로 잘못 알고 '우뢰(雨雷)'로 쓰는 경우가 있는데, 이는 '우레'의 잘못입니다.

16 그는 마음에 찔리는 구석이 있는지, `궤변`을 늘어놓았다.

'궤변'이 표준어입니다. '괴변'은 예상하지 못한 재난이나 사고를 뜻합니다.

17 올해엔 `옥수수 / 강냉이` 작황이 좋아서 수확량이 두 배나 늘었다.

'강냉이'는 사투리가 아닙니다. '옥수수'와 '강냉이'는 복수 표준어입니다.

18 올해 5살이 된 내 동생은 동네에서도 유명한 `개구쟁이`다.

'미장이' 같은 장인이나 기술자를 일컬을 때는 접사 '−장이'를, 사람의 특징이나 성격을 나타낼 때는 접사 '−쟁이'를 씁니다.

19 느닷없이 불어닥친 태풍 때문에 집안이 `풍비박산`이 됐다.

풍비박산(風飛雹散) : 사방으로 날아서 흩어짐. '풍지박산'은 '풍비박산'의 잘못입니다.

20 요즘엔 이 주변에서 사글세 방 하나 구하기도 쉽지 않다.

'사글세'는 초하루 '삭(朔)'에 달 '월(月)'이 결합된 '삭월세(朔月貰)'에서 온 말입니다. 그러나 현재 '삭월세'는 거의 사용되지 않으므로, '사글세'만 표준어로 삼고 있습니다.

21 몇 개가 빠졌는지, 개수를 차근차근 잘 세어 보아라.

사이시옷은 두 음절로 된 한자어, '곳간(庫間)', '셋방(貰房)', '숫자(數字)', '찻간(車間)', '툇간(退間)', '횟수(回數)'에만 씁니다. 따라서 이에 해당하지 않는 '개수(個數)'는 그대로 '개수'로 표기합니다.

22 위층에 사는 부부가 밤새 싸우는 바람에, 한숨도 못 잤다.

위, 아래의 대립이 있는 단어의 경우, 된소리나 거센소리 앞에서는 사이시옷을 쓰지 않으므로 '위층'이 올바른 표기입니다.

23 삼촌은 담배 연기를 뿜어 도넛 모양을 만들었다.

'도너츠'나 '도우넛' 등은 '도넛'의 잘못입니다.

24 꼬마가 던진 돌멩이에 맞아 눈가에 멍이 들었다.

자갈보다 큰 돌을 일컬을 때 '돌맹이'를 쓰는 경우가 있지만, '돌멩이'만 표준어로 삼습니다.

25 특히, 그녀의 초승달 같이 길고 가는 눈썹이 예뻤다.

'초승달'은 원래 '초생(初生)'에 '달'이 더해진 합성어입니다. 그러나 어원에서 멀어져 통용되는 경우 관용에 따라 쓴다는 원칙에 따라, '초승달'을 표준어로 씁니다.

>> 진단표

맞힌 개수	공략 단계
0 - 10	초보 탈출
11 - 20	고수 도약
21 - 25	달인 탄생

02

둘째 마당
연마하기

초보 탈출
고수 도약
달인 탄생

초보 탈출

웬지 VS 왠지

서연 씨, 오늘 점심에 뭘 먹으면 좋을까요?

음, 글쎄요. 비가 와서 그런지 저는 (웬지/왠지) 칼국수가 먹고 싶은데요?

Q 올바른 우리말은?
❶ 웬지 ❷ 왠지

웬일 VS 왠일

지훈! 일찍 나왔네? 오늘 날씨 정말 좋지?

이야, 김승건이 (웬일/왠일)이야? 이렇게 일찍 회사에 나오다니.

Q 올바른 우리말은?
❶ 웬일 ❷ 왠일

01 정답은 ❷왠지입니다.

'왠지'는 '왜인지'의 준말로, '왜 그런지 모르게', 또는 '무슨 까닭인지'로 해석되는 부사입니다. 따라서 '웬지'는 올바른 표현이 아니에요. '왠지'인지 '웬지'인지 헷갈릴 때는, 부사 자리에 '왜 그런지'를 대입해 보세요. '왜'와 '왠'의 표기를 연관짓는 것도 좋은 방법이고요.

왠지

이렇게 쓰세요. 젖은 머리로 출근하는 서연을 본 승건.
오늘따라 왠지 서연 씨가 더 예뻐 보이네.

02 정답은 ❶웬일입니다.

'왠지'와 더불어 자주 틀리는 표현 중 하나인 '웬일'. 아마도 이 표현이 의문사인 '왜'와 명사인 '일'이 결합된 말이라고 생각해서 헷갈리는 게 아닐까요? 하지만 '웬일'의 '웬'은 '어찌 된', 또는 '어떠한'의 뜻으로 쓰입니다. 따라서 '웬일'은 '어찌 된 일'이란 뜻이 되는 거죠.

웬일

이렇게 쓰세요. 야식 생각이 간절한 지훈. 승건에게 전화를 거는데……
한밤중에 나한테 연락을 하다니, 웬일이야?

03 있다가 VS 이따가

🗣️ 서연 씨, 나한테 영화표가 두 장 있는데 (있다가/이따가) 퇴근하고 같이 영화 보러 갈래요?

🗣️ 정말요? 좋죠. 그럼, 7시에 회사 앞 커피숍에서 만나요.

Q 올바른 우리말은?
① 있다가 **②** 이따가

04 뵈요 VS 봬요

🗣️ 안녕하세요? 장서연 씨 앞으로 택배가 왔는데, 본인 확인이 필요해서요.

🗣️ 아, 금방 내려가겠습니다. 회사 정문에서 (뵈요/봬요).

Q 올바른 우리말은?
① 뵈요 **②** 봬요

장서연 씨
택배
왔어요~

03 정답은 ②이따가입니다.

'있다가'와 '이따가'는 그 쓰임에 주의해야 합니다. 먼저, '있다가'는
동사 '있다'에 '~다가'라는 연결어미가 붙은 꼴로, "방에 있다가
밖에 나갔다."처럼 쓰입니다. 하지만 본문의 대화처럼, '조금 지
난 후에'라는 뜻의 부사로 쓰일 때에는 '이따가'가 맞습니다.

이따가

수업 중에 가은과 몰래 통화하다가 걸린 승민.

가은아, 이따가 수업 끝나면 다시 통화하자.

04 정답은 ②봬요입니다.

'봬요'는 '뵈다'의 '뵈'에 '요'가 붙은 꼴이 아니라, '뵈어요'의 준말입니다. 찬찬히 그 구
조를 살펴볼까요? 먼저, '뵈다'의 어간인 '뵈~' 뒤에 어미 '~어'가 붙으면 '뵈어'가 되
는데, '봬'로 줄일 수 있습니다. 여기에 다시 보조사 '요'를 붙이면 '봬요'가 되는 겁니
다. 이는 '봬요=뵈어요'라고 기억하세요!

봬요

금요일 퇴근 시간. 승건이 서연에게 데이트 신청을
하려는 순간!

승건 씨! 그럼, 다음 주에 봬요.

05 할게 VS 할께

야, 김승민! 공부 안 해? 고3이 TV만 벌써 몇 시간째 보고 있는 거야?

아, 이것만 다 보고 (할게/할께). 왜 형까지 잔소리를 하고 그래?

Q 올바른 우리말은?
❶ 할게 ❷ 할께

06 ～로써 VS ～로서

어머니, 생신 축하 드려요. 제가 (장남으로써/장남으로서) 선물 하나 준비했습니다.

어머나, 역시 우리 장남! 이 가방, 정말 마음에 든다!

Q 올바른 우리말은?
❶ 장남으로써 ❷ 장남으로서

05 정답은 ❶할게입니다.

'관형사형 'ㅡ(으)ㄹ' 뒤에 연결되는 'ㄱ, ㄷ, ㅂ, ㅅ, ㅈ'은 된소리로 발음한다.'는 표준발음법에 따르면, '할게'는 [할께]로 발음해야 맞죠. 하지만 이 발음 때문에 표기까지 '할께'가 맞는 걸로 잘못 알고 있는 경우가 많습니다. 종결 어미 'ㅡ(ㄹ)게'는 된소리가 아닌 예사소리로 적어야 해요.

할게

 이렇게 쓰세요. 봄맞이를 위한 부서 야유회를 제안한 승건.
제가 제안한 일이니까 제가 추진할게요!

---

06 정답은 ❷장남으로서입니다.

격조사 'ㅡ로써'와 'ㅡ로서'가 많이 헷갈리시죠? 이것만 기억하세요. '도구'나 '수단'에는 'ㅡ로써'를, '신분'이나 '자격'에는 'ㅡ로서'를 씁니다. 예를 들어 볼까요? "대화로써 오해를 풀다."에서 대화는 오해를 푸는 수단이죠? 그러므로 'ㅡ로써'를 씁니다. 하지만 본문에서 승건 씨는 자신이 장남이라는 신분을 강조하고 있죠. 따라서 'ㅡ로서'가 맞습니다.

~로서

이렇게 쓰세요. 우정과 사랑 중, 무조건 사랑을 택하겠다는 승건의 말을 들은 지훈.
그건 친구로서 할 말은 아니다.

07 틀리다 VS 다르다

 승민아, 형은 학창시절에 수학을 잘했는데, 너는 왜 그렇게 수학을 싫어하니?

엄마! 형하고 난 (틀리니까/다르니까) 자꾸 비교하지 마!

Q 올바른 우리말은?
❶ 틀리니까 ❷ 다르니까

08 맞히다 VS 맞추다

 자, 내가 방금 칠판에 적은 퀴즈의 정답, 아는 사람?

선생님, 그 퀴즈 (맞히면/맞추면) 상품 주시나요?

Q 올바른 우리말은?
❶ 맞히면 ❷ 맞추면

07 정답은 ❷다르니까입니다.

대화나 글에서 '다르다'를 써야 할 곳에 '틀리다'를 쓴 경우를 종
종 볼 수 있습니다. 하지만 이 둘은 구별하기가 전혀 어렵지 않
아요. '틀리다'는 셈이나 사실 등이 그르게 되거나 어긋날 때 쓰
고, '다르다'는 비교 대상이 서로 같지 않을 때 쓴다는 사실을
잊지 마세요!

다르다

 쌍둥이 언니를 승민에게 소개시켜 주는 가은.
나랑 언니는 생김새는 똑같아도, 성격은 아주 달라.

---

08 정답은 ❶맞히면입니다.

'맞히다'는 '문제의 답 따위를 정확하게 고르다'란 뜻이고, '맞추다'는 '순서나 열을 똑바
르게 하다'는 뜻입니다. 또, '맞히다'는 '한 물체가 다른 물체에 닿다'는 뜻을 가진 '맞다'
의 사동형으로, "화살을 과녁에 맞히다."처럼 쓸 수 있죠. 쉽게 구별하는 방법! 문제는
맞히고, 퍼즐은 맞추세요!

맞히다

 가은의 수학 100점 짜리 시험지를 본 승민.
이 어려운 문제의 답을 다 맞혔어?

09 아니오 VS 아니요

😎 김 대리, 내일 신제품 발표 준비는 다 끝냈지?

😊 (아니오/아니요). 좀 더 수정할 부분이 있는데, 퇴근 전까지 끝내겠습니다.

Q 올바른 우리말은?
❶ 아니오 ❷ 아니요

10 거예요 VS 거에요

😊 승건 씨, 오늘 넥타이 색깔이 참 예쁘네요?

😄 하하하! 고마워요. 크리스마스에 선물 받은 (거예요/거에요).

Q 올바른 우리말은?
❶ 거예요 ❷ 거에요

09 정답은 **②아니요**입니다.

의문문에 대한 대답의 감탄사로는 '예/아니요'와 '응/아니'가 쓰입니다. 그런데 '아니오'는 어떤 사실을 부정할 때 쓰는 '아니다'에 종결 어미 '-오'가 붙은 활용형으로, "그것은 사실이 아니오."처럼 쓰죠. 이제 이해가 되시죠? 이해가 되면 '예'! 안 되시면 '아니요'!

낚싯대를 한참 찾던 아버지, 어머니에게 봤냐고 묻는데……

아니요. 못 봤어요.

10 정답은 **①거예요**입니다.

받침이 없는 체언 뒤에는 '~이에요'가 줄어든 형태인 '~예요'가 붙습니다. '거예요'에서 '거'는 '것'을 구어적으로 이르는 말로 받침이 없죠? 따라서 '거예요'라고 써야 합니다. 하지만 '책'처럼 받침이 있는 경우엔 '책이에요'라고 써야 해요. 참고로, 용언인 '아니다'의 경우, 어간 '아니-'에 '~에요'가 붙은 '아니에요'가 맞습니다.

이렇게 쓰세요. 야유회에 맛있는 김밥을 싸 들고 온 서연.

이 김밥, 제가 새벽에 일어나서 직접 만든 거예요.

오랫만에 VS 오랜만에

🦱 어휴. 요즘 왜 이렇게 입맛도 없고, 힘도 없지?

🧔 여보, 그럼 승건이, 승민이 데리고 (오랫만에 / 오랜만에) 장어 먹으러 갈까?

Q **올바른 우리말은?**
❶ 오랫만에 ❷ 오랜만에

들르다 VS 들리다

👧 여보세요? 엄마, 나 지금 독서실이야!

🦱 어, 미안해. 집에 올 때 슈퍼마켓에 (들러서 / 들려서)
   우유 좀 사 와, 알았지?

Q **올바른 우리말은?**
❶ 들러서 ❷ 들려서

11 정답은 ❷오랜만에입니다.

'오랜만에'의 '오랜만'은 '오래간만'의 준말입니다. 어떤 일이 일어난 때로부터 긴 시간이 흐른 후를 나타내는 표현이죠. 이것을 '오랫만'으로 잘못 알고 있는 경우가 많은데, '오랫만'이란 표현은 우리말에 없어요. '오랫동안'과 혼동하지 않도록 주의합시다.

오랜만에

 고등학교 동창회에 간 승건과 지훈.

오랜만에 동창들을 만나니까 옛 추억이 떠오르네.

12 정답은 ❶들러서입니다.

'들르다'와 '들리다'는 의미와 활용의 차이가 뚜렷한 별개의 단어입니다. 본문처럼 '지나가는 길에 잠깐 머물다'란 뜻으로 쓰일 때에는 '들르다'를 쓰고, '들르고', '들르지', '들러서' 등으로 활용합니다. 반면, '들리다'는 '듣다'의 피동형으로 '들리고', '들리지', '들려서' 등으로 활용하죠.

들르다

 혼자 팥빙수를 먹고 나가는 승건에게 카페 주인이,

나중에 시간 날 때, 여자친구랑 다시 들러 주세요.

13   안 해 VS 않 해

🧑 승민아, 이모한테 전화해서 내일 몇 시에 오실 거냐고 여쭤 봐.

🧑 난 (안 해/않 해). 형이 전화해. 이모는 무섭단 말이야.

Q 올바른 우리말은?
❶ 안 해 ❷ 않 해

14   ~던지 VS ~든지

🧑 승건, 서연 씨한테 아직도 고백 못 했어?

🧑 휴, 서연 씨는 아마 내가 고백을 (하던지 말던지/하든지 말든지), 신경도 안 쓸 거야.

Q 올바른 우리말은?
❶ 하던지 말던지
❷ 하든지 말든지

13 정답은 ❶안 해입니다.

이 표현은 아마 한국인이 가장 많이 틀리는 표현 중 하나일 거예요. 결론부터 말하면 '안 해'가 맞습니다. '안'은 '아니'의 준말로, 뒤에 나오는 용언을 부정하는 역할을 합니다. 한편, '않'은 단독으로 쓰이지 않고 '〜지 않다'의 형태로 용언의 어간 뒤에 붙어요. 즉, '안 해=하지 않다'가 되는 거죠.

안 해

이렇게 쓰세요. 승건에게 결혼 계획을 묻는 어머니. 아무런 답이 없자,

답답하게 왜 말을 한 마디도 <u>안 하니</u>?

---

14 정답은 ❷하든지 말든지입니다.

'〜던지'와 '〜든지'는 의미가 다른 연결 어미입니다. 먼저, '〜던지'는 막연한 의문을 가진 상태에서, 그것을 어떤 사실이나 판단과 결부시킬 때 써요. "얼마나 빠르던지, 손이 안 보였다."처럼요. 반면, '〜든지'는 나열된 동작. 상태. 대상들 중에서 어떤 것이든 선택될 수 있음을 나타낼 때 쓰죠. 또, 발생할 수 있는 일들 중 어떤 것이 일어나도, 뒤에 이어지는 내용과 상관이 없을 때에도 '〜든지'를 씁니다.

〜든지

이렇게 쓰세요. 성실한 지훈을 칭찬하는 서연. 승건도 거들며,

지훈이는 무슨 일을 <u>하든지</u>
최선을 다하는 친구죠.

금세 VS 금새

서연 씨, 몸은 좀 괜찮아요? 아프면 얼른 병원에 가 봐요.

아까 약을 먹었더니 (금세/금새) 열이 내렸어요. 걱정해 줘서 고마워요.

Q 올바른 우리말은?
❶ 금세 ❷ 금새

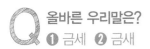

나름 VS 나름대로

가은아, 우리 강아지 봐라. 귀엽지? 순종 진돗개야.

응……. 뭐, (나름/나름대로) 귀엽네.

Q 올바른 우리말은?
❶ 나름 ❷ 나름대로

15 정답은 ❶금세입니다.

'지금 바로'란 뜻의 부사 '금세'는 '금시에'의 준말입니다. 그러니까 '금새'는 '금세'의 잘못된 표기죠. '금시에'의 '에'에 주목하여 '금세=금시에'라는 우리말 공식을 만들어 기억하면, 더 이상 헷갈리지 않을 거예요.

이렇게 쓰세요. 승건에게 어제 서연과 어떤 영화를 봤냐고 묻는 지훈.
슬픈 영화를 같이 봤는데, 서연 씨가 금세 눈물을 흘리더라고.

16 정답은 ❷나름대로입니다.

요즘엔 '나름대로'가 들어가야 할 자리에 '나름'을 쓰는 경우가 많죠? 이는 지나친 생략입니다. '나름'은 '나름대로'처럼 관형어 속 조사에 기대어 쓰이거나, 명사, 또는 어미 뒤에 '-이다'와 함께 쓰이는 의존 명사입니다. "남편은 아내가 하기 나름이다."처럼요. 이제부터는 아무 곳에나 '나름'을 쓰지 않도록 주의합시다!

이렇게 쓰세요. 홍보팀 신 대리가 이직을 고민 중이라는 소식을 들은 승건과 지훈.
그 친구도 나름대로 고민을 많이 하고 있겠지.

떡볶기 VS 떡볶이

아저씨! 여기 순대 1인분이랑, 튀김 1인분, (떡볶기/떡볶이) 1인분 주세요.

아니, 이 많은 걸 학생 혼자 다 먹게?

Q 올바른 우리말은?
❶ 떡볶기 ❷ 떡볶이

찌개 VS 찌게

서연 씨, 회사 앞에 (김치찌개/김치찌게)가 아주 맛있는 식당이 생겼다던데, 한번 가 볼래요?

좋아요. 꼭 같이 가요!

Q 올바른 우리말은?
❶ 김치찌개 ❷ 김치찌게

17 정답은 ❷떡볶이입니다.

'-기'와 '-이'는 앞말에 붙어서 명사를 만드는 역할을 하지만, 그 의미는 조금 달라요. '떡볶기'처럼 '-기'를 쓰면, 우리가 알고 있는 음식을 지칭하는 것이 아니라, 떡을 볶는 행위 자체를 말하는 것이 되어 버리죠. '-이'는 구체적인 사물을 가리킬 때 쓰기 때문에, '떡볶이'가 맞습니다.

떡볶이

이렇게 쓰세요. 오랜만에 가은과 분식집에 온 승민.
나는 간식 중에서 떡볶이가 제일 좋아!

18 정답은 ❶김치찌개입니다.

식당에 가면 종종 'OO찌게'라고 쓰인 메뉴판을 볼 수 있죠? 하지만 '찌게'라는 표현은 틀린 표현이에요. 뚝배기나 작은 냄비에 갖은 양념을 넣고 국물을 바특하게 만들어 끓인 반찬은 '찌개'라고 표기합니다.

찌개

이렇게 쓰세요. 요리에 도전하는 아버지에게 어머니가,
찌개가 끓기 시작하면 고춧가루를 좀 더 넣어요.

메밀 VS 모밀

🧑 오늘처럼 더운 날에는 역시 시원한 냉면을 먹어야지!

🧑 우리 어제도 냉면 먹었잖아. 오늘은 (메밀/모밀)국수 먹으러 가자!

Q 올바른 우리말은?
❶ 메밀 ❷ 모밀

달달이 VS 다달이

🧑 서연 씨는 저축 좀 해 놓았어요?

👩 네, 전 (달달이/다달이) 적금과 청약저축을 조금씩 하고 있어요.

Q 올바른 우리말은?
❶ 달달이 ❷ 다달이

19 정답은 ❶메밀입니다.

'모밀'은 '메밀'의 방언입니다. 그러니까 '모밀국수' 또한 잘못된 표현
이죠. '메밀'의 '메'는 '뫼 산(山)'의 '뫼'에서 유래했을 것이라는 의
견이 지배적입니다. 그래도 헷갈리면, 이효석 작가가 쓴 〈메밀꽃
필 무렵〉을 떠올려 보세요. 그럼, 절대 잊지 않을 거예요!

메밀

 저녁 식사로 메밀국수를 준비한 어머니.
메밀을 꾸준히 먹으면, 위와 장이 튼튼해진대.

20 정답은 ❷다달이입니다.

어원을 따지자면 '다달이'는 '달달이'에서 온 말입니다. 하지만 '달달이'는 자음 탈락 현
상에 의해 'ㄹ'이 탈락해 '다달이'가 되죠. 또한, 끝소리가 'ㄹ'인 말과 다른 말이 어울릴
때, 'ㄹ' 소리가 나지 않는 것은 소리 나지 않는 대로 적는다는 표준어 규정에 따라, '다
달이'로 써야 맞습니다.

다달이

 어머니가 쓴 가계부를 본 아버지.
다달이 들어가는 학원비도 만만찮네.

곱빼기 VS 곱배기

우리 회사 식당은 다 좋은데, 음식 양이 너무 적지 않아?

나는 아주머니랑 친해서 그런지, 매번 밥을 (곱빼기/곱배기)로 주시던데?

Q 올바른 우리말은?
❶ 곱빼기 ❷ 곱배기

돐 VS 돌

여보, 다음 주에 옆집 아기 (돐/돌)이라는데, 뭘 선물해 줘야 할까요?

글쎄……. 그런 건 나보다 당신이 더 잘 알지 않아?

Q 올바른 우리말은?
❶ 돐 ❷ 돌

21 정답은 ❶ 곱빼기입니다.

접미사 '-빼기'는 몇몇 명사 뒤에 붙어서 '그런 특성이 있는 사람이 나 물건'을 나타냅니다. 또, 한글맞춤법에 따라, '-빼기'는 된소리 로 표기해야 하죠. 따라서 '곱배기'란 표현은 옳지 않습니다. '곱 빼기'라고 쓰고 똑같이 [곱빼기]라고 읽으면 돼요.

 승민의 생일, 중국집에 함께 온 두 형제.

네 생일이니까, 탕수육은 곱빼기로 시키자!

---

22 정답은 ❷ 돌입니다.

예전에는 '주기'를 나타내는지 '생일'을 나타내는지에 따라 '돐'과 '돌'을 구별해서 썼는 데, 지금은 '돌'로 통일하여 쓰고 있습니다. 그렇게 인위적으로 나누어서 쓸 이유가 없 기 때문이죠. '돐'은 잘못된 표기입니다.

 어머니는 길에서 손자를 업고 가는 친구와 우연히 마주치는데······.

이제 겨우 두 돌 지난 아이가 왜 이렇게 몸집이 커?

23

멋장이 VS 멋쟁이

엄마, 아빠는 아들인 내가 봐도 참 (멋장이 / 멋쟁이) 같아요.

그게 다 누구 덕이겠니? 엄마가 감각이 뛰어나서 그런 거야.

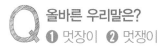

Q 올바른 우리말은?
❶ 멋장이 ❷ 멋쟁이

24

설거지 VS 설겆이

지훈이 넌 혼자 살면, 집안일 하기 귀찮지 않아?

왜 안 귀찮겠어. 그 중에서도 (설거지 / 설겆이)가 제일 싫어!

Q 올바른 우리말은?
❶ 설거지 ❷ 설겆이

23 정답은 ❷ 멋쟁이입니다.

'–장이'와 '–쟁이'는 서로 구별해서 써야 해요. 쉽게 구별하는 방법! 기술자에게는 '–장이'를 쓰고, 나머지의 경우엔 '–쟁이'를 쓴다는 표준어 규정을 기억하세요. 그럼, '멋'은 어디에 해당할까요? 멋을 부리는 건 기술이라고 하기 어렵기 때문에, '–쟁이'를 붙여서 '멋쟁이'로 써야 합니다.

멋쟁이

이렇게 쓰세요. 승민과 함께 콘서트를 보러 온 가은.
저 그룹 멤버들은 전부 멋쟁이야!

24 정답은 ❶ 설거지입니다.

먹고 난 후 그릇 따위를 씻어 정리하는 일은 '설거지'라고 하죠. '설겆이'는 잘못된 표현입니다. 이제는 고어가 되어 버린 '설겆다'는 더 이상 활용형이 쓰이지 않아, '설겆–'이란 어간을 추출할 필요가 없어졌습니다. 따라서 '설거지'는 '설겆다'와 관계없는 명사로 보아, '설거지'로 씁니다.

설거지

이렇게 쓰세요. 승민은 집안일 좀 도와 달라는 어머니와
협상을 시도하는데……
설거지를 도와주면 얼마 줄 건데!?

바람 VS 바램

우리의 (바람/바램)대로, 이번 계약이 성사됐어요. 오늘 저녁에 회식합시다!

정말 잘됐네요, 부장님! 식당을 어디로 예약해 놓을까요?

올바른 우리말은?
❶ 바람 ❷ 바램

챙피 VS 창피

야, 승건아. 너 이에 고춧가루 끼었어.

뭐? 고춧가루? 방금 전까지 서연 씨랑 이야기하다가 왔는데.

아……. (챙피해 / 창피해).

올바른 우리말은?
❶ 챙피해 ❷ 창피해

25 정답은 ❶바람입니다.

'바람'인지 '바램'인지 헷갈릴 때에는, 그 명사가 어떤 동사로부터 파생되었는지를 생각해 보세요. 본문에서는 어떤 일이 이루어지기를 소망한다는 뜻으로 썼으니까, 동사 '바라다'에서 파생된 '바람'이 맞는 표현이죠. '바램'은 동사 '(색 따위가) 바래다'에서 파생된 명사입니다.

 또 수학 시험을 망치고 온 승민에게 어머니가,

엄마의 <u>바람</u>은 네가 수학 시험에서 100점을 받는 거야.

26 정답은 ❷창피해입니다.

체면이 깎이는 일이나 아니꼬운 일을 당해 부끄럽다는 의미를 나타낼 때에는 '창피하다'를 씁니다. 꽤 많은 사람들이 '창피하다' 대신에 '챙피하다'를 쓰고 있는데요, 이는 '챙피하다'가 'ㅣ' 모음 역행동화 현상에 의해 발음하기가 더 수월하게 느껴지기 때문일 것입니다. 하지만 이는 원칙적으로 표준어로 인정하지 않는다는 사실, 잊지 마세요!

 친구 아들의 결혼식에서, 괴상한 옷차림의 하객을 발견한 아버지.

창피한 줄도 모르고, 저런 옷을 입고 결혼식에 오다니……

27 설레다 VS 설레이다

😊 서연씨를 볼 때마다, (설레는 / 설레이는) 내 마음을 어찌하리오……. 꾹!

😩 어휴, 너 진짜 많이 취했다. 아예 시를 써라, 시를 써.

Q 올바른 우리말은?
❶ 설레는 ❷ 설레이는

28 낳다 VS 낫다

😊 승민아, 이번 주말에 놀이동산에 놀러 가자!

😩 감기가 심해서 이번 주말은 힘들 것 같아. 다 (낳으면 / 나으면) 가자, 응?

Q 올바른 우리말은?
❶ 낳으면 ❷ 나으면

27 정답은 ❶설레는입니다.

가수 박상민 씨의 노래 '청바지 아가씨'에는 "설레이는 내 마음, 그
대는 알까?"란 가사가 나옵니다. 여기에서 '설레이는'이란 표현
은 사실, 잘못된 표현이에요. 발음이 비슷한 두 표현 중, 더 널
리 쓰이는 것을 표준으로 삼는다는 규정에 따라, '설레이다'는
버리고 '설레다'만 표준어로 인정합니다. 명사형도 '설레임'이 아
니라 '설렘'이 맞죠.

설레다

> **이렇게 쓰세요.** 승건에게 서연을 본 이야기를 하는 지훈.
> 서연 씨가 밖에서 설렘이 가득한 얼굴로 누군가를 기다리던데?

28 정답은 ❷나으면입니다.

'낳다'와 '낫다'는 전혀 다른 의미의 단어인데, 이를 혼동하여 쓰는 경우가 많습니다. '낳
다'는 '배 속의 아이, 새끼, 알을 몸 밖으로 내놓다', '어떤 결과를 가져오다'란 뜻이고,
'낫다'는 '병이나 상처가 치유되다', '보다 더 좋거나 앞서 있다'란 뜻이니 잘 구별해서 씁
시다.

낫다

> **이렇게 쓰세요.** 감기에 걸린 서연에게 괜찮은지 묻는 승건.
> 약 먹고 충분히 잤더니 감기가 나았네요.

29 깊숙이 VS 깊숙히

🗨️ 엄마, 아빠가 이번에는 정말 담배를 끊을 수 있을까?

🗨️ 걱정하지 마. 아빠가 담배 못 찾게, 전부 장롱 (깊숙이 / 깊숙히) 숨겨 뒀어.

Q 올바른 우리말은?
❶ 깊숙이 ❷ 깊숙히

30 곰곰히 VS 곰곰이

🗨️ 승건 씨, 뭘 그렇게 (곰곰히 / 곰곰이) 생각해요?

🗨️ 아, 서연 씨. 하하하! 그만 깜빡 졸았네요.

Q 올바른 우리말은?
❶ 곰곰히 ❷ 곰곰이

29 정답은 ❶깊숙이입니다.

부사 '깊숙이'는 끝음절이 분명히 '이'로만 소리 나기 때문에 '깊숙히'가 아닌, '깊숙이'로 써야 합니다. 혹시 여태껏 무의식적으로 '깊숙히'라고 쓰고 읽었던 분들이 계셨다면, 지금부터는 올바르게, '깊숙이'라고 쓰고 읽어 주세요!

깊숙이

 책상에 엎드려 자고 있는 지훈을 본 승건.

사흘 동안 야근에 시달리더니, 잠에 깊숙이 빠졌군.

30 정답은 ❷곰곰이입니다.

깊이 생각하는 모양을 나타내는 부사, '곰곰이'. 이 역시, 바로 앞의 '깊숙이'의 경우처럼 끝음절이 '이'로만 분명하게 발음되므로, '곰곰히'가 아닌 '곰곰이'가 표준어입니다. 단, '히'로만 소리 나거나 '이'나 '히'로 소리 나는 부사의 경우에는 '-히'로 적죠.

곰곰이

 아침 회의 때 부장님에게 석연치 않은 말을 들은 지훈.

부장님께서 아침에 하신 말씀을 곰곰이 되새겨 봐야겠어.

31 가리키다 VS 가르치다

선생님! 어제 (가리켜 / 가르쳐) 주신 공식, 다시 한 번 설명해 주시면 안 될까요?

그래, 승민이가 요즘 수학 공부를 열심히 하는구나.

Q 올바른 우리말은?
❶ 가리켜 ❷ 가르쳐

32 잃어버리다 VS 잊어버리다

아까 서연 씨가 이거 너한테 전해 주라고 하던데!?

내 서류! 어디에서 찾았대? 이걸 (잃어버려서 / 잊어버려서) 얼마나 놀랐는데.

Q 올바른 우리말은?
❶ 잃어버려서 ❷ 잊어버려서

31 정답은 ❷가르쳐입니다.

'가리키다'와 '가르치다'를 혼동하는 경우가 많습니다. 이 둘은 의미가 전혀 다른데 말이죠. '손가락 따위로 어떤 대상이나 방향을 집어서 알리다'란 뜻을 가진 '가리키다', 그리고 '지식이나 기능, 이치 따위를 깨닫거나 익히게 하다'란 뜻을 가진 '가르치다'. 확실하게 구분해야 해요!

 승민에게 사촌 동생의 수학 숙제를 좀 봐 주라고 부탁하는 이모.
내가 수학을 다 가르치게 될 줄이야!

32 정답은 ❶잃어버려서입니다.

이 역시 의미가 다르므로 꼭 구별해서 써야 합니다. 먼저, '잃어버리다'는 가졌던 물건이 없어지거나, 어떤 사람과의 관계가 끊어지거나, 의식이나 감정 따위가 사라질 때 쓰이죠. 그리고 '잊어버리다'는 알았던 것을 기억하지 못하거나, 기억해야 할 것을 전혀 생각해 내지 못할 때 쓰입니다. 그럼 답은 이미 나왔죠?

 교실에서 우연히 머리띠를 주운 승민에게 다가가는 가은.
그 머리띠, 내가 어제 잃어버린 건데 어떻게 찾았어?

윗어른 vs 웃어른

승건아, 큰아버지는 (윗어른/웃어른)이시니까, 말씀 잘 새겨들어라.

네, 그런데 이번 명절엔 장가가라고 재촉만 안 하시면 좋겠어요.

Q 올바른 우리말은?
① 윗어른 **②** 웃어른

부조금 vs 부주금

승건아, 나 주말에 박 대리 결혼식에 못 갈 것 같은데, (부조금/부주금) 좀 대신 전해 줘.

알았어. 그런데 박 대리가 많이 서운해 하겠네.

Q 올바른 우리말은?
① 부조금 **②** 부주금

33 정답은 ❷웃어른입니다.

'웃어른'이 맞습니다. 표준어 규정을 보면, '위-아래'의 대립이 있을 때에는 '윗-'으로 통일하고, 대립이 없을 때에는 '웃-'으로 적도록 하고 있어요. 그런데 '어른'의 경우엔 '위'와 대비되는 '아래'어른이 있을 수 없죠? 따라서 '윗어른'이 아니라, '웃어른'으로 표기해야 합니다.

 차를 할부로 살지, 대출을 받아 살지, 고민하는 승건에게 아버지가.
그런 문제는 웃어른과 먼저 의논을 하고 결정해라.

34 정답은 ❶부조금입니다.

잔치나 상가 따위에 보내는 돈이나 물건을 '부조(扶助)'라고 하죠? 그런데 이 '부조'를 '부주'라고 말하는 경우가 많은데, 이는 잘못된 표현이에요. '부조'는 양성모음인 'ㅗ'가 강하게 작용하여 그대로 표준으로 굳어진 형태이기 때문이죠. '사돈'이나 '삼촌'의 경우도 마찬가지입니다.

 동창의 결혼식에 가게 된 승건과 지훈.
별로 가까운 사이는 아닌데,
부조금으로 얼마를 내면 좋을까?

35 한턱내다 VS 한턱쏘다

 부장님, 아드님이 명문대에 합격했다던데, (한턱내셔야죠 / 한턱쏘셔야죠)!

하하하! 그럴까? 좋아! 다들 오늘 퇴근하고 봅시다!

Q 올바른 우리말은?
❶ 한턱내셔야죠 ❷ 한턱쏘셔야죠

36 짤리다 VS 잘리다

 너 왜 이렇게 기운이 없어? 어디 아파?

아니. 오늘 늦잠 자는 바람에 아르바이트 못 나가서 (짤렸어 / 잘렸어).

Q 올바른 우리말은?
❶ 짤렸어 ❷ 잘렸어

35 정답은 **①한턱내셔야죠**입니다.

우리는 실생활에서 '한턱쏘다'라는 말을 참 자주 쓰죠? 그런데 이 표현은 어디까지나 유행어에 불과한 비표준어입니다. '한턱'은 쏜다고 표현하지 않고 한 단어로, '한턱내다'라고 표현해요. 그러니까 오늘부터는 친구에게 이렇게 말해 보세요. '내가 한턱 낼게!'

한턱내다

 오늘은 승건의 생일.
오늘 저녁에 내가 한턱내겠다고 했더니,
순식간에 열 명이나 모였어.

36 정답은 **②잘렸어**입니다.

직장에서 해고당한 경우를 속되게 이르는 말이 바로 '잘리다'죠. 이를 평소에 불필요하게 된소리로 발음하다 보니, '짤리다'를 표준어로 잘못 알고 있는 경우가 많습니다. 하지만 국어에 '짤리다'라는 단어는 아예 없다는 사실! '짤리다'는 이제 그만 기억 속에서 '잘라' 주세요.

잘리다

 여름이라서 긴 머리를 짧게 자른 가은.
잘린 머리카락을 보니까,
갑자기 아까운 생각이 드네.

37 땅기다 VS 당기다

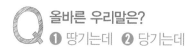

형, 배고프지 않아? 야식 어때? 족발? 보쌈?

음……. 난 피자가 (땅기는데 / 당기는데). 전화해서 한 판 시켜.

Q 올바른 우리말은?
❶ 땅기는데 ❷ 당기는데

38 흐뭇하다 VS 흐믓하다

여보, 승민이가 글쎄, 이번에 수학에서 '수'를 받아 왔어요.

그것 참 (흐뭇한 / 흐믓한) 소식이네. 날 닮아 승민이는 끈기가 있어.

Q 올바른 우리말은?
❶ 흐뭇한 ❷ 흐믓한

37 정답은 ❷당기는데입니다.

입맛이 '땡기다'? '땅기다'? '당기다'? 헷갈리시죠? 먼저, 사전에 없는 '땡기다'는 지워 버립시다. 나머지 둘은 의미가 달라요. '땅기다'는 '단단하고 팽팽하게 되다'란 뜻이고, '당기다'는 '입맛이 돋우어지다'란 뜻입니다. 그럼, 본문에서 승건 씨는 피자가 '당기는' 게 맞겠죠?

당기다

 점심 메뉴를 정하는 게 가장 즐거운 승건.
오늘은 따끈한 국물이 <u>당기는데</u>, 설렁탕 먹으러 가자!

38 정답은 ❶흐뭇한입니다.

마음에 흡족하여 매우 만족스럽다는 뜻의 '흐뭇하다'. 이를 '흐믓하다'로 잘못 표기하는 경우가 있습니다. '흐믓하다'는 '흐뭇하다'의 옛말로 현대에서는 더 이상 쓰지 않는 말이죠. '흐뭇하다'를 꼭 기억하세요!

흐뭇하다

이렇게 쓰세요. 큰맘 먹고 집안일을 도운 승민.
내가 설거지를 했더니, 엄마가 <u>흐뭇한</u>
표정으로 만 원을 줬어.

케익 VS 케이크

야, 김승민! 뭘 그렇게 혼자 맛있게 먹어? 좀 나눠 먹자!

안 돼. 가은이가 직접 만든 (케익/케이크)란 말이야. 내가 다 먹을 거야!

Q 올바른 우리말은?
❶ 케익 ❷ 케이크

40

초콜릿 VS 초콜렛

서연 씨가 나한테 (초콜릿/초콜렛) 줬다! 역시, 서연 씨도 나를 좋아했던 거야.

그거? 오늘 밸런타인데이라서 남자 사원들한테 다 돌린 거잖아.

Q 올바른 우리말은?
❶ 초콜릿 ❷ 초콜렛

39 정답은 **②케이크**입니다.

외래어 중에서 가장 헷갈리는 단어 중 하나인 '케이크'. '케익'이나 '케잌' 모두 잘못된 표기입니다. Cake는 원래의 발음 [keik]를 살려서 '케이크'로 표기해야 합니다.

케이크

 가은에게 선물을 불쑥 내미는 승민.
어머! 내가 제일 좋아하는 치즈케이크네!

---

40 정답은 **①초콜릿**입니다.

아마 '초콜릿'처럼 다양한 형태로 쓰이는 외래어도 없을 거예요. '초콜렛'부터 '초컬릿', '초코렛', '쪼꼬렛', '죠코렡' 등 수많은 표현들이 있는데요, 이는 전부 잘못된 표기입니다. 외래어 표기법에 따라, '초콜릿'만 맞는 표기로 인정합니다.

초콜릿

 요즘 군것질을 자주 하는 아버지에게 어머니가,
애도 아니고, 무슨 초콜릿을 그렇게 많이 먹어요?

메시지 VS 메세지

승민아, 너는 일어나자마자 뭘 그렇게 만지작거리고 있니?

응, 가은이랑 (메시지/메세지) 주고받는 거야.

Q 올바른 우리말은?
❶ 메시지 ❷ 메세지

로보트 VS 로봇

지훈 씨는 어제 야근했는데도 저렇게 쌩쌩하네요?

그러게요. 가끔 저 친구, 일만 하는 (로보트/로봇)처럼 보일 때가 있어요.

Q 올바른 우리말은?
❶ 로보트 ❷ 로봇

신속

정확

41 정답은 ❶ 메시지입니다.

'메세지'는 틀린 표기입니다. Message의 원래 발음인 [mésidʒ]를 봐도, 'ㅔ'가 아닌 'ㅣ' 발음이 나는 것을 알 수 있죠. 따라서 이는 '메시지'라고 표기해야 맞습니다. '문자 메세지'가 아니라 '문자 메시지'가 맞다는 사실, 잊지 마세요.

메시지

 회의 시간이 바뀐 줄도 모르고 사무실에 늦게 들어온 승건에게 최 부장이,
김 대리, 아까 내가 보낸 문자 <u>메시지</u> 못 받았어?

42 정답은 ❷ 로봇입니다.

Robot의 경우, 짧은 모음 다음에 오는 어말인 무성 파열음 [p], [t], [k]는 받침으로 적는다는 규정에 따라, '로보트'가 아닌 '로봇'으로 적습니다. '로켓'이나 '라켓'도 마찬가지입니다.

로봇

 조카에게 줄 선물을 놓고 고민에 빠진 서연.
조카한테 로봇을 선물할까요,
책을 선물할까요?

43 링거 VS 링게르

👩 여보, 어제부터 안색이 안 좋은데, 병원에서 (링거/링게르)라도 맞고 와요.

👨 괜찮아요. 봄이라서 그런가? 요즘 좀 피곤해서 그래.

Q 올바른 우리말은?

❶ 링거 ❷ 링게르

44 악세사리 VS 액세서리

👩 가은아, 저기 저 남자 좀 봐. 목걸이에, 팔찌에, 연예인이 따로 없네.

👩 난 남자가 저렇게 (악세사리/액세서리) 많이 하는 건 보기 싫더라.

Q 올바른 우리말은?

❶ 악세사리 ❷ 액세서리

43 정답은 ❶링거입니다.

링거라는 사람이 처음 처방한 생리용 식염수, '링거'. 병원에서 흔히 들을 수 있는 단어인데요, '링게르', '링겔', '닝겔', '링어' 등은 모두 잘못된 표기입니다. Ringer의 원래 발음을 그대로 살려서, '링거'라고 적어야 해요.

 어머니와 함께 텔레비전을 보던 승민.

저 신인 배우, 정말 대단해. '링거 투혼'이라는 기사도 났잖아.

44 정답은 ❷액세서리입니다.

먼저, accessory의 발음부터 살펴볼까요? [æksésəri]에서 첫음절이 분명히 '액'으로 소리 나는 걸 알 수 있죠? 그러므로 원래의 발음을 그대로 살려서 '액세서리'라고 표기해야 옳습니다. 이제 '악세사리'라고 쓰거나 발음하는 경우를 보면, 친절하게 바로잡아 주세요!

 승건과 잡지를 읽고 있다가 놀라운 글을 발견한 서연.

이 모델이 착용한 액세서리 가격이 3천만 원이 넘는대요.

45

짜장면 VS 자장면

요즘엔 내가 어릴 때 먹었던 (짜장면/자장면) 맛을 찾기가 참 힘들어.

아버지가 예전에 드셨던 건 어떤 맛이었어요?

Q 올바른 우리말은?
❶ 짜장면 ❷ 자장면

46

소고기 VS 쇠고기

서연 씨는 (소고기/쇠고기)의 어느 부위를 제일 좋아해요?

어려운 질문이네요. 음……. 전 등심이요. 승건 씨는요?

Q 올바른 우리말은?
❶ 소고기 ❷ 쇠고기

45 정답은 둘 다 맞습니다.

이 단어만큼 표준어에 대한 의견이 분분했던 단어가 또 있을까요?
심지어 '자장면'만 표준어로 인정하던 때조차, '짜장면'을 쓰는
사람들이 상당히 많았습니다. 하지만 이제는 그런 고민을 할
필요가 없어요. 2011년 8월 31일, '짜장면'과 '자장면'이 드디어
복수 표준어로 인정되었기 때문이죠!

짜장면/
자장면

 중국집에 와서 가장 어려운 선택에 직면한 승건과 지훈.
아, 모르겠다. 넌 짬뽕 먹어. 난 <u>짜장면/자장면</u> 먹을게.

---

46 정답은 둘 다 맞습니다.

'소고기'와 '쇠고기' 모두 맞는 표현입니다. 둘 중 좀 더 전통적인 표현은 '쇠-'이지만, 현
대에는 '소-'의 쓰임이 많아져 두 가지 다 표준어로 인정한 거죠. 단, 발음의 경우, '소고
기'는 단음으로, '쇠고기'는 장음으로 발음해야 합니다.

소고기/
쇠고기

 요즘 부쩍 살이 빠진 승건이가 걱정되는 어머니.
승건아, 안 되겠다. <u>소고기/쇠고기</u>라도
사 먹으러 나가자.

어저께 VS 어제

🧑‍🦱 지훈 씨, 승건 씨 생일이 언제였죠? 6월이라고 들었는데…….

🧑 아, 승건이 생일은 바로 (어저께/어제)였어요.

Q 올바른 우리말은?
① 어저께 **②** 어제

어리숙하다 VS 어수룩하다

👩 우리 애들은 다 좋은데 너무 (어리숙해/어수룩해).

👩‍🦰 뭐 어때요? 요즘 그렇게 순수하고 착한 애들이 또 어디에 있어요?

Q 올바른 우리말은?
① 어리숙해 **②** 어수룩해

47 정답은 둘 다 맞습니다.

오늘의 바로 하루 전날은 '어저께'일까요, '어제'일까요? 답은 '둘
다 맞다'입니다. 이 역시 복수 표준어이기 때문이죠. 특히, 이 단
어들은 일상에서 어떤 것이 더 많이 쓰인다고 할 것 없이 자주
쓰이므로, 둘 다 표준어로 인정합니다.

어저께/
어제

 가은과 하루 종일 연락이 안 돼 초조해진 승민.
어저께/어제 전화기가 꺼져 있더라? 어디 아파?

---

48 정답은 둘 다 맞습니다.

예전에는 '어수룩하다'만을 표준어로 인정했지만, 2011년 8월 31일 이후, 복수 표준어로
'어리숙하다'가 추가됐습니다. 따라서 이제는 겉모습이나 언행이 치밀하지 못하고 어설
픈 데가 있는 사람을 가리키는 표현으로, '어리숙하다'와 '어수룩하다' 모두 쓸 수 있게
됐죠.

어리숙하다/
어수룩하다

 직원 평가를 하다가 승건을 떠올린 최 부장.
김 대리가 좀 어리숙한/어수룩한 면이 있어도
참 좋은 직원이지.

49 성대묘사 VS 성대모사

가은아, 이거 들어 봐. "얼마면 돼?"

뭐야! 설마 지금, 원빈 (성대묘사/성대모사) 한 거야? 진짜 안 똑같아.

Q 올바른 우리말은?
❶ 성대묘사 ❷ 성대모사

50 방방곡곡 VS 방방곳곳

승건 씨는 여행을 좋아한다고 했죠? 국내에선 어디 가 봤어요?

전국 (방방곡곡/방방곳곳), 안 가 본 데가 없는데, 한 군데 추천해 줄까요?

Q 올바른 우리말은?
❶ 방방곡곡 ❷ 방방곳곳

49 정답은 ❷성대모사입니다.

요즘 TV 프로그램을 시청하다 보면, 연예인들이 '성대모사'를 하는
모습을 자주 볼 수 있죠? 그런데 이 때, 화면에 '성대묘사'라고
쓰인 자막이 종종 눈에 띄는데요, 이는 틀린 표현입니다. 다른
사람의 목소리나 동물의 소리를 흉내 내는 일은 '성대모사(聲
帶模寫)'입니다.

 TV 프로그램에서 장기를 선보이는 연예인들을 본 아버지.
요즘 애들은 <u>성대모사</u> 한 개쯤은 다 할 줄 알더라고.

50 정답은 ❶방방곡곡입니다.

한 군데도 빠짐이 없는 모든 곳을 일컫는 말은 '방방곡곡'입니다. 자리나 지역을 나타내
는 우리말 '곳' 때문에 '방방곳곳'이라고 착각하시면 안 돼요. '방방곡곡(坊坊曲曲)'이란
표현은 사자성어 표현이기 때문이죠.

오랜만에 음식 솜씨를 발휘한 어머니.
전국 방방곡곡을 다 돌아다녀도
이런 맛은 없을 걸.

외래어 표기

본문에서 다루지 않은 외래어 중, 우리가 평소에 자주 쓰는 것들을 따로 정리했습니다. 특히, 다음 외래어들은 사용 빈도가 높은 만큼 표기를 잘못 알고 있는 경우가 많은데, 아래의 표를 보면서 바른 표기를 익혀 봅시다.

잘못된 표기	바른 표기	잘못된 표기	바른 표기
쥬스	주스	에어콘	에어컨
스폰지	스펀지	알콜	알코올
카페트	카펫	데이타	데이터
코메디	코미디	플래쉬	플래시
화이팅	파이팅	카센타	카센터
싸이렌	사이렌	헐리우드	할리우드
레이다	레이더	가스렌지	가스레인지
앙케이트	앙케트	샤베트	셔벗
꽁트	콩트	수퍼마켓	슈퍼마켓
테입	테이프	팡파레	팡파르

고수 도약

51 한창 VS 한참

😎 승건아, 이번 모교 행사 가 봤어? 요즘 축제가 (한창/한참)이던데.

😀 아, 맞다! 후배가 꼭 오라고 했는데. 아직 안 늦었겠지?

올바른 우리말은?
❶ 한창 ❷ 한참

52 웅큼 VS 움큼

😀 서연 씨, 뭐 먹어요? 맛있겠는데요?

😊 아, 매일 견과류를 한 (웅큼/움큼)씩 먹으면 건강에 좋다고 해서요.
좀 드릴까요?

올바른 우리말은?
❶ 웅큼 ❷ 움큼

51 정답은 ❶한창입니다.

'한창'과 '한참'은 의미가 다르므로 구별해서 써야 해요. 어떤 일이 가장 왕성하게 일어나는 모양을 나타내는 '한창'은 본문의 대화처럼 쓸 수 있죠. 반면, '한참'은 '시간이 상당히 지나는 동안'이란 뜻의 명사로, '한참 동안 기다렸다'처럼 쓸 수 있습니다.

 유행가를 흥얼거리는 승민에게 어머니가,

그 노래가 요즘 한창 유행하는 노래라면서?

52 정답은 ❷움큼입니다.

'웅큼'은 표준어가 아닌데도, 실생활에서 '움큼'만큼이나 자주 쓰이고 있어요. 아마도 '웅큼'이 '움큼'보다는 발음하기가 다소 수월하기 때문이 아닐까요? 하지만 손으로 한 줌 움켜쥘 만한 분량을 세는 단위는 '움큼'입니다. 또한, '움큼'은 단위성 의존 명사이기 때문에 앞말과 띄어 써야 해요.

 기말고사 때문에 신경이 곤두서 있는 가은.

스트레스를 받아서 머리카락이

한 움큼이나 빠졌어.

53 눈곱 VS 눈꼽

🧑 엄마! 내 체육복 어디에 놔뒀어? 빨리, 빨리! 나 늦었단 말이야!

👩 여기. 아무리 바빠도 (눈곱/눈꼽)이라도 좀 떼고 가!

Q 올바른 우리말은?
❶ 눈곱 ❷ 눈꼽

54 구렛나루 VS 구레나룻

🧑 김 대리는 (구렛나루/구레나룻)이 무성하네. 부러워.

🧑 하하하! 부장님, 저는 털이 너무 빨리 자라서 고민이에요.

Q 올바른 우리말은?
❶ 구렛나루 ❷ 구레나룻

53 정답은 ❶눈곱입니다.

먼저, '눈곱'의 발음부터 살펴봅시다. '눈'과 '곱'이 결합된 합성어, '눈곱'에는 표기하진 않았으나 사이시옷이 있습니다. 따라서 '눈곱'은 사이시옷 현상에 의해 [눈꼽]이라고 발음하죠. 바로 이 발음 때문에 표기까지 '눈꼽'으로 잘못 알고 있는 경우가 많은데, 정확한 표기는 '눈곱'입니다.

눈곱

 승건에게 악명 높은 홍보팀 윤 차장에 대해 이야기하는 지훈.

윤 차장은 인정이라곤 눈곱만큼도 없는 사람이래.

54 정답은 ❷구레나룻입니다.

귀밑에서 턱까지 잇따라 난 수염은 '구레나룻'이라고 쓰고, [구레나룯]으로 발음합니다. 그런데 이걸 '구렛나루'라고 쓰는 경우가 꽤 많죠. 또, [구레나루]라고 발음하는 게 더 쉽게 느껴지시는 분들! '구렛나루'는 이제 수염을 밀듯 깔끔히 잊어 주세요.

구레나룻

 승건의 구레나룻을 신기하게 쳐다보는 서연.

전 아버지를 닮아서 구레나룻이 시커멓게 나요.

우려먹다 VS 울궈먹다

 여보, 곰국 끓여 놨으니까, 저녁에 드세요. 나 좀 나갔다 올게요.

꽤 많이 (우려먹었는데/울궈먹었는데), 아직도 곰국이 남았어?

Q 올바른 우리말은?
❶ 우려먹었는데
❷ 울궈먹었는데

십상 VS 쉽상

 박 대리 말이야, 상사들한테 너무 말을 함부로 하는 거 아냐?

그러게. 그러다가 윗사람들한테 오해 받기 (십상/쉽상)인데.

Q 올바른 우리말은?
❶ 십상 ❷ 쉽상

55 정답은 ❶우려먹었는데입니다.

'우려먹다'는 '음식 따위를 우려서 먹다', 또는 '이미 썼던 내용을 다시 써먹다'는 뜻으로 '우리다'에서 나온 말입니다. '울궈먹다'는 '우려먹다'의 잘못으로, 굳이 따지자면 '울구다'에서 나온 말인데, '울구다'는 '우리다'의 방언으로 표준어가 아니죠. 따라서 '울궈먹다'라는 표현은 옳지 않습니다.

 승민은 가은을 위해 재미있는 이야기를 꺼내는데…….

그 이야기를 벌써 몇 번이나 우려먹었는데, 지겹지도 않아?

56 정답은 ❶십상입니다.

'십상'은 열에 여덟이나 아홉 정도로 거의 예외가 없음을 뜻하는 말입니다. 흔히 '십중팔구'라고도 하죠. 반면, '쉽상'이란 말은 국어에 없습니다. 이 둘이 헷갈릴 때에는, '열에 여덟, 아홉'이라는 뜻에 착안하여 '열 십(十)'자를 기억하세요. '십상'의 한자가 '十常'이거든요.

 동네 헬스장에 다니기 시작한 아버지.

기구의 사용법을 제대로 익히지 않으면 다치기 십상입니다.

썩히다 vs 썩이다

승민이가 중학생 때 하도 속을 (썩혀서/썩여서) 걱정했는데, 요즘 철들었나 봐요.

승건이는 어릴 때 안 그랬나? 사내 녀석들, 커 가면서 다 그렇지, 뭐.

Q 올바른 우리말은?
❶ 썩혀서 ❷ 썩여서

삐지다 vs 삐치다

가은아, (삐졌어/삐쳤어)? 버스를 놓쳐서 그만……. 늦어서 미안해.

몰라. 추운데 밖에서 30분이나 기다렸단 말이야!

Q 올바른 우리말은?
❶ 삐졌어 ❷ 삐쳤어

57 정답은 ❷썩여서입니다.

'썩히다'와 '썩이다'는 둘 다 동사 '썩다'의 사동형입니다. 하지만 의미는 전혀 다르죠. 먼저, '썩히다'는 '유기물을 부패하게 하다', '사람, 물건, 재능 따위가 제대로 쓰이지 못하게 하다'란 뜻으로 쓰입니다. '썩이다'는 '걱정과 근심으로 괴로운 상태가 되게 하다'란 뜻으로 쓰여요.

썩이다

이렇게 쓰세요. 오랜만에 승민을 만난 이모가 한 마디 하는데……

어릴 때 부모 속을 어지간히 <u>썩이더니</u>, 이제 어엿한 청년이 됐네.

58 정답은 둘 다 맞습니다.

가은 양이 단단히 화가 났네요. 원래 이렇게 성이 나서 마음이 토라진 경우엔 '삐치다'라고 해야 맞습니다. '삐지다'에는 '칼 따위로 물건을 얇고 비스듬하게 잘라 내다'란 뜻이 있기 때문이죠. 그러나 국립국어원은 2014년 12월, 기존 표준어와 같은 의미로 쓰이는 말 13개를 복수표준어로 인정했는데, 바로 여기에 '삐지다'도 포함되었습니다. 따라서 '삐치다'와 '삐지다' 둘 다 표준어로 인정합니다.

삐치다/
삐지다

이렇게 쓰세요. 집에만 있는 승민에게 가은과 싸웠냐고 묻는 승건.

가은이는 어제 일로 <u>삐쳐서 / 삐져서</u> 나랑 말도 안 해.

59 <u>으스대다</u> VS 으시대다

형이랑 중학교 같이 다닌 건우 형 있잖아. 모델이랑 결혼한대.

그래? 앞으로 그 녀석 (으스대는 / 으시대는) 꼴을 어떻게 보냐?

Q 올바른 우리말은?
❶ 으스대는 ❷ 으시대는

60 괜시리 VS 괜스레

나 가을 타나 봐요. 낙엽을 보면 (괜시리 / 괜스레) 마음이 울렁거려.

당신은 모르지? 내가 당신의 그런 감수성에 반했잖아.

Q 올바른 우리말은?
❶ 괜시리 ❷ 괜스레

59 정답은 ❶ 으스대는입니다.

어울리지 않게 우쭐거리며 뽐내는 모양을 나타낼 때 쓰이는 말은 '으스대다'입니다. '으시대다'는 '으스대다'의 북한어로 표준어가 아니죠. 마찬가지로, 차거나 싫은 것이 몸에 닿아 소름이 돋을 때엔 '으시시하다'가 아닌 '으스스하다'를 써야 옳습니다.

 승건은 지훈에게 동생 이야기를 늘어놓는데…….
성적 올랐다고 으스대며 걷는 꼴이 우습더라고.

---

60 정답은 ❷ 괜스레입니다.

아마 '괜시리'와 '괜스레' 중 사용 빈도만 놓고 따지면 전자가 훨씬 우세할 지도 모릅니다. 하지만 그 표현이 어디에서 왔는가를 살펴보면 표준어를 쉽게 구별할 수 있어요. '공연스럽다'란 뜻의 형용사 '괜스럽다'에서 온 부사가 바로 '괜스레'이므로, '괜시리'는 틀린 표현입니다.

 점심시간, 승건과 부장님 이야기를 하던 서연.
고개를 푹 숙인 부장님 모습이
괜스레 마음에 걸려요.

61 짓궂다 VS 짖궂다

승건 씨는 지훈 씨랑 정말 친한 것 같아요.
가끔 (짓궂은 / 짖궂은) 장난을 치는 걸 보면요.

죽마고우죠. 학교도 회사도 같이 다녀서,
이젠 친형제나 다름없어요.

Q 올바른 우리말은?
❶ 짓궂은 ❷ 짖궂은

62 걷잡을 수 없이 VS 겉잡을 수 없이

어제 뉴스 봤어? 불길이 순식간에 (걷잡을 수 없이 / 겉잡을 수 없이) 번지더라.

나도 봤어. 가을엔 정말 산불 조심해야 돼.

Q 올바른 우리말은?
❶ 걷잡을 수 없이 ❷ 겉잡을 수 없이

61 정답은 **①** 짓궂은입니다.

'짓궂다'란 말은 '짓'과 '궂다'가 합쳐진 말입니다. 여기에서 접두사 '짓'은 '마구', '함부로'란 뜻을 나타내고, 형용사 '궂다'는 '언짢고 나쁘다'는 뜻이에요. 그래서 '짓궂다'는 '장난스럽게 남을 귀찮게 해서 달갑지 않다'는 뜻을 갖는 거죠. '짖궂다'는 '짓궂다'를 잘 못 표기한 꼴입니다.

짓궂다

이렇게 쓰세요. 승민의 학교에 교생 선생님이 새로 왔는데······.

교생 선생님한테 우리가 <u>짓궂은</u> 질문을 하니까 당황하시더라.

---

62 정답은 **②** 걷잡을 수 없이입니다.

동사 '걷잡다'는 '한 방향으로 흘러가는 형세 따위를 붙들어 잡다', 또는 '마음을 진정하거나 억제하다'란 뜻으로, 주로 '없다'와 함께 쓰입니다. 그런데 '걷잡다'의 '걷'을 '겉'으로 쓰는 건 잘못된 표기예요. 왜냐하면 '겉잡다'는 '겉으로 보고 대강 헤아리다'란 뜻을 갖고 있기 때문이죠.

걷잡을 수 없이

이렇게 쓰세요. 회의 시간에 꾸벅꾸벅 조는 승건을 깨우는 지훈.

순간 졸음이 <u>걷잡을 수 없이</u> 밀려들었어.

63 짜투리 vs 자투리

🧑 서연 씨는 어쩌면 그렇게 중국어를 잘해요? 열심히 공부하나 봐요?

👩 아니에요. 그냥 (짜투리/자투리) 시간에 잠깐씩 회화책 보는 게 다예요.

Q 올바른 우리말은?
❶ 짜투리 ❷ 자투리

64 해코지 vs 해꼬지

🧑 그 중학생들을 왜 혼내고 그래? 그러다가 (해코지/해꼬지)라도 당하면 어쩌려고?

👩 아무리 그래도 그렇지. 중학생들이 길에서 담배를 피우는 걸 보고
어떻게 그냥 지나쳐?

Q 올바른 우리말은?
❶ 해코지 ❷ 해꼬지

63 정답은 ❷자투리입니다.

'자투리'를 된소리로 표기한 '짜투리'는 표준어가 아니에요. 이렇게 불필요하게 된소리를 쓰는 경우가 꽤 많은데, '소주'를 '쏘주'로, '세다'를 '쎄다'로 표기하는 경우가 대표적인 예죠. 작거나 적은 조각, 또는 남은 천 등을 가리킬 때에는 '자투리'라고 해야 맞습니다. 발음 역시 [자투리]이고요.

 서연이 승건에게 가방을 보여 주며,

이 가방은 제가 자투리 천을 모아서 만든 거예요.

64 정답은 ❶해코지입니다.

강원도나 전남 지방에서는 '해코지'를 '해꼬지'라고 하기도 합니다. 왠지 귀에 더 익숙하게 느껴져서 무의식적으로 '해꼬지'라고 말하는 경우가 있지만 이는 방언으로, 표준어가 아니죠. 남을 해치고자 하는 짓은 '해코지'란 점, 꼭 기억하세요!

 놀이터를 지나가던 승건. 어린아이를 괴롭히는 학생을 보고,

왜 힘 없는 애한테 해코지를 하는 거냐?

65 미끌어지다 VS 미끄러지다

😊 서연 씨, 오늘 차 안 가지고 왔다고 했죠? 내 차 타고 가요.

😊 네, 고마워요. 지난번에 빙판길에서 운전하다가 차가 (미끌어진/미끄러진) 적이 있어서요.

Q 올바른 우리말은?
 ❶ 미끌어진 ❷ 미끄러진

66 빈털털이 VS 빈털터리

😊 엄마, 용돈 좀 줘. 이번 달에 나 (빈털털이/빈털터리)야.

😊 아니, 용돈을 일주일 전에 줬는데 또 달라고? 돈을 대체 어디에 다 쓴 거니?

Q 올바른 우리말은?
 ❶ 빈털털이 ❷ 빈털터리

65 정답은 ❷미끄러진입니다.

'미끄러지다'가 표준어이고 '미끌어지다'는 우리말에 없는 표현입니다. 원형을 밝혀 표기하려면 앞말의 본뜻이 유지되어야 하는데 '미끌다'를 어형으로 볼 수 없기 때문에 '미끌어지다'는 잘못된 표기입니다.

미끄러지다

 친구들과 수영장에 갔다 온 어머니.
아까 수영장에서 그만 미끄러졌는데, 얼마나 창피하던지.

66 정답은 ❷빈털터리입니다.

재산을 다 없애고 가난뱅이가 된 사람을 가리켜 '빈털터리'라고 하죠. 여기에서 '터리'를, 동사 '털다'에서 온 '털이'로 잘못 알고 '빈털털이'로 쓰는 경우가 있는데요, 이 단어는 의미상 '남이 가진 재산을 훔치다'란 뜻의 '털다'와 무관하죠. 따라서 '빈털털이'는 틀린 표기예요.

빈털터리

이렇게 쓰세요. 동료들과 여행 경험담을 주고받던 지훈.
난 여행지에서 강도한테 돈을 전부 뺏겨
빈털터리가 된 적이 있어요.

매다 VS 메다

승건 씨, 넥타이가 살짝 옆으로 돌아갔네요.

아, 또 돌아갔나요? 아무래도 넥타이 (매는/메는) 법을 다시 배워야 할 것 같아요.

Q 올바른 우리말은?
❶ 매는 ❷ 메는

세다 VS 쇠다

승건아, 이번 설에는 고향에 가기로 했어?

응, 큰집에서 설 (세고/쇠고), 곧바로 서울로 돌아올 거야.

Q 올바른 우리말은?
❶ 세고 ❷ 쇠고

67 정답은 ❶ 매는입니다.

동사 '매다'와 '메다'는 의미가 전혀 다르기 때문에 확실하게 구별해서 써야 해요. 끈이나 줄 따위가 풀어지지 않게 매듭을 지을 때에는 '매다'를, 가방 따위를 어깨에 걸치거나 올려놓을 때에는 '메다'를 씁니다. 넥타이는 매고, 가방은 메세요!

매다

 오늘도 늦잠 자서 부랴부랴 집을 나서는 승민에게 어머니가,
신발 끈을 그렇게 엉성하게 매면 금방 풀어지잖니!

68 정답은 ❷ 쇠고입니다.

명절, 생일, 기념일 같은 날을 맞이하여 지낼 때에는 '~(을)를 쇠다'라고 합니다. 가끔 이것을 '세다', 또는 '쉬다'라고 하는 경우가 있는데, 이는 바른 표현이 아니에요. 사전적으로 '쇠다'에는 '보내다', '기념하다'의 의미가 담겨 있으며 '쇠다'만을 표준어로 삼습니다.

쇠다

 오늘이 아버지 생신인지 아닌지 헷갈리는 승건.
아버지는 생일을 음력으로 쇠셔서
날짜가 항상 헷갈리네.

69

개다 VS 개이다

승건아, 날 (개면 / 개이면) 세차 좀 해야겠더라. 너무 지저분해.

그렇지 않아도, 날씨가 맑아질 때까지 기다리고 있었어요.

Q 올바른 우리말은?
❶ 개면 ❷ 개이면

70

새다 VS 새우다

김승민, 공부하는 거야? 오, 새로운 모습인데?

나가, 형! 나 오늘 밤을 (새서 / 새워서) 이거 다 외워야 돼.

Q 올바른 우리말은?
❶ 새서 ❷ 새워서

69 정답은 **❶개면**입니다.

'개다'와 '개이다' 중 어떤 표현이 올바를까요? 사실, 고민할 필요가
전혀 없어요. 문법적으로 '개이다'는 맞지 않기 때문이죠. 일단
'개다'의 피동사 형태가 '개이다'가 아니고, 이 때 쓰인 '개다'는
의미도 다릅니다. 본문처럼 '흐리거나 궂은 날씨가 맑아지다'란
뜻으로 쓸 때에는 '개다'를 씁니다.

개다

 출근길에 만난 승건에게 서연이가,
날씨가 활짝 개니 마음까지 가벼워요.

---

70 정답은 **❷새워서**입니다.

'한숨도 자지 않고 밤을 지내다'란 의미의 동사, '새우다'는 주로 '밤'을 목적어로 하는
타동사입니다. 따라서 목적어 없이 단독으로 쓸 수는 없죠. 반면, '새다'는 '날이 밝아 오
다'란 의미이기 때문에 '밤'과 같은 목적어는 필요 없습니다.

새우다

 밤새 한 숨도 못 잔 승민. 그의 약점은?
천둥소리 때문에 무서워서 뜬눈으로
밤을 새웠어.

71 며칠 vs 몇일

🧑 서연 씨, 오늘이 (며칠/몇일)이죠? 설마 건강검진일이 지난 건 아니겠죠?

👩 오늘이 22일인데, 아직 예약 안 했으면 서둘러야겠어요.

Q 올바른 우리말은?
❶ 며칠 ❷ 몇일

72 담그다 vs 담구다

🧑 승건아, 지훈이 혼자 살지? 김치 좀 더 (담갔는데/담궜는데) 갖다 줘라.

🧑 와, 잘됐네요! 그 녀석, 라면 끓여 먹을 때마다 김치가 없다고 투덜대던데.

Q 올바른 우리말은?
❶ 담갔는데 ❷ 담궜는데

71 정답은 ❶ 며칠입니다.

이제부터는 '며칠'인지 '몇일'인지 고민하지 마세요. 왜냐하면 국어
에는 '몇일'로 표기하는 경우는 없기 때문입니다. '몇일'은 관형
사 '몇'과 명사 '일'이 결합된 꼴이 아니에요. 그러니까 [며칠]로
발음하는 단어는 그대로 '며칠'로 적는 것이 맞습니다. 결론은
항상 '며칠'로만 쓴다는 것!

 승민 앞에 힘없이 나타난 가은.
살을 빼겠다고 며칠 동안 굶었더니 현기증이 날 지경이야.

72 정답은 ❶ 담갔는데입니다.

사전을 찾아보면 이 문제의 답을 쉽게 알 수 있는데요, '담구다'라는 동사는 우리말에
없습니다. 따라서 '담궈' 같은 활용형도 쓸 수 없죠. '액체 속에 넣다', 또는 '김치, 술, 장,
젓갈 따위를 익도록 그릇에 넣어 두다'란 뜻으로 '담그다'를 쓰고, '담그고', '담그니', '담
가'로 활용합니다.

담그다

 계곡으로 가족 여행을 온 승건 가족. 어머니가 승건에게,
그, 수박, 계곡물에 좀 담가 둬라.

73 부딪치다 VS 부딪히다

😆 지훈, 이마에 반창고는 왜 붙인 거야? 다쳤어?

😀 어, 주말에 축구하다가 상대팀 공격수랑 (부딪쳐서 / 부딪혀서) 좀 찢어졌어. 괜찮아.

Q 올바른 우리말은?
❶ 부딪쳐서 ❷ 부딪혀서

74 안절부절하다 VS 안절부절못하다

😆 왜 이렇게 (안절부절하는 거야 / 안절부절못하는 거야)? 나까지 긴장되잖아.

😅 다음 차례가 우리인데, 나 사실 롤러코스터 처음 타는 거야.

Q 올바른 우리말은?
❶ 안절부절하는 거야
❷ 안절부절못하는 거야

73 정답은 ❷ 부딪혀서입니다.

'부딪치다'와 '부딪히다'를 쉽게 구별하는 방법! 주어의 행동에 능동
성이 있는지 없는지를 따져 보세요. 주어가 능동적으로 부딪는
행위를 한 거라면 '부딪치다'를, 부딪는 행위를 당한 거라면 '부
딪히다'를 쓰면 됩니다. 본문의 경우, 지훈 씨는 공격수에게 '부
딪힌' 게 되겠죠?

 옷을 입다가 무릎에 뭔가를 발견한 승건.
어제 벽에 부딪힌 자리에 시퍼렇게 멍이 들었네.

74 정답은 ❷ 안절부절못하는 거야입니다.

마음이 초조하고 불안해서 어찌할 바를 모를 때, 여러분은 '안절부절하다'라고 하시나
요, '안절부절못하다'라고 하시나요? 이 중, 표준어는 '안절부절못하다'입니다. 의미가
똑같은 형태가 몇 가지 있을 경우, 더 널리 쓰이는 쪽을 표준어로 정한다는 규정 때문
이죠.

 회사 공채 시험의 감독관으로 투입됐던 지훈.
시험 시간이 끝나 가니까 모두
안절부절못하더라고.

75 맛보기 VS 맛배기

어머나, 키위 좀 봐. 정말 맛있겠다.

고객님, 일단 (맛보기/맛배기)로 한 조각 드셔 보시겠어요?

Q 올바른 우리말은?
❶ 맛보기 ❷ 맛배기

76 짜집기 VS 짜깁기

학원에서 기출 문제 (짜집기/짜깁기)해 준 노트를 잃어버렸어.

진짜? 나도 그거 너한테 빌려서 복사하려고 했는데.

Q 올바른 우리말은?
❶ 짜집기 ❷ 짜깁기

75 정답은 ❶맛보기입니다.

맛을 보도록 조금씩 내놓은 음식, 또는 어떤 일을 시작하기 전에 시험 삼아 해 보는 것을 가리키는 말은 '맛보기'입니다. '맛배기'는 '맛보기'의 평안북도 방언으로, 표준어가 아니죠. '맛을 본다' 란 문장을 떠올리면, '맛보기'를 쉽게 기억할 수 있을 거예요.

 지훈과 함께 영화관에 온 승건. 영화를 고르다가,

이 영화, 맛보기로 공개한 예고편을 봤는데, 꽤 재미있겠던데?

76 정답은 ❷짜깁기입니다.

우리는 실생활에서 표준어인 '짜깁기'보다 오히려 비표준어인 '짜집기'를 더 많이 들을 수 있는데요. 이는 아마도 '짜집기'의 발음이 더 편하기 때문이 아닐까 생각합니다. 하지만 엄연히 '짜집기'는 '짜깁기'의 잘못으로, 표준어가 아니죠. 처음엔 다소 불편하더라도 '짜깁기'라고 올바르게 쓰고 말해 보세요.

 기다리던 가수의 신곡을 들은 승민.

이 노래는 여러 명곡을 짜깁기해서 만든 것처럼 들리는데?

절다 VS 쩔다

👩 승민아, 운동하고 오면 옷 좀 갈아입어라. 땀에 (절어서/쩔어서) 냄새 나잖니.

🧒 괜찮아. 조금 지나면 금방 마르는데, 뭐.

Q 올바른 우리말은?
❶ 절어서 ❷ 쩔어서

달리다 VS 딸리다

👨 어? 서연 씨. 그 상자, 나한테 줘요. 왜 무거운 걸 혼자 들고 다녀요?

👩 아, 원래 이 정도는 혼자서도 문제없는데,
오늘은 이상하게 힘이 (달리네요/딸리네요).

Q 올바른 우리말은?
❶ 달리네요 ❷ 딸리네요

77 정답은 ❶ 절어서입니다.

'쩔다'는 '절다'를 불필요하게 된소리로 읽은 잘못된 말입니다. 땀이나 기름 따위의 더러운 물질이 묻거나 찌든 경우엔 동사 '절다'를 써야 해요. 발음 역시 [쩔다]가 아닌, 예사소리 그대로 [절:다]라고 소리 내죠. '쩔다'란 표현은 국어에서 쓰이지 않습니다.

절다

 겨울옷을 정리하던 어머니가 짜증을 내며,

여보, 외투가 담배 냄새에 절어서 누렇게 변했잖아요.

---

78 정답은 ❶ 달리네요입니다.

'재물이나 기술, 힘 따위가 모자라다'란 뜻을 가진 '달리다'. 이를 '딸리다'라고 잘못 표현하는 경우가 있는데요, '딸리다'는 그런 뜻이 아니라, '어떤 것에 붙어 있거나 매여 있다'란 뜻의 동사입니다. 전혀 다른 뜻의 단어를 잘못된 곳에 쓰지 않도록 주의합시다!

달리다

 베란다에 화분을 내놓던 아버지가 낑낑거리며 돕는 승건을 보고,

체력이 이렇게 달려서 일을 제대로 하겠어?

79

숫놈 VS 수놈

이 강아지는 (숫놈 / 수놈)이야, 암놈이야?

암놈. 털이 하얘서 이름을 하양이라고 지어 줬어.

Q 올바른 우리말은?
① 숫놈 ② 수놈

80

승락 VS 승낙

부장님, 부장님께서 (승락 / 승낙)만 하시면, 이번 프로젝트는
제가 맡도록 하겠습니다.

그래요? 그 분야는 김 대리 전문이기도 하니까 믿고 맡겨 보겠어요.

Q 올바른 우리말은?
① 승락 ② 승낙

79 정답은 ❷수놈입니다.

표준어 규정에 따라, 수컷을 가리키는 단어의 접두사는 전부 '수-'
로 통일합니다. 따라서 '수놈'이 올바른 표현이죠. 하지만, 접두사
'수-'가 '양, 염소, 쥐'와 결합할 때에는 발음상 사이시옷과 비슷
한 소리가 덧난다고 보고, '숫양, 숫염소, 숫쥐'로 표기합니다.

수놈

 강아지 파는 아저씨를 본 승민이 이것저것 묻자,
둘 중 다리가 짧은 놈이 <u>수놈</u>이고 긴 놈이 암놈이야.

80 정답은 ❷승낙입니다.

한글 맞춤법에 따르면, 한자어에서 본음으로도 소리 나고 속음으로도 소리 나는 경우
각각 그 소리에 따라 적게 되어 있는데, '승낙(承諾)'의 경우엔 본음인 '낙(諾)'으로 소리
납니다. 따라서 '승락'은 틀린 표기가 되죠. 한편, 속음으로 소리 나는 예로는 '쾌락(快
諾)', '허락(許諾)' 등을 들 수 있습니다.

승낙

 목욕탕에서 동네 소문을 듣고 온 아버지.
세탁소 정 씨 말이야, 아들 결혼을 흔쾌히
승낙했다던데?

81 후유증 VS 휴유증

🧑 박 대리는 왜 절뚝거리고 다니는 거야?

🧑 몰랐어? 박 대리 지난주에 교통사고 당했잖아. (후유증 / 휴유증) 때문일 거야.

Q 올바른 우리말은?
　❶ 후유증 ❷ 휴유증

82 쑥쓰럽다 VS 쑥스럽다

🧑 저, 서연 씨. 이거, 오늘 화이트데이라고 해서요. 하하하!
　(쑥쓰럽네요 / 쑥스럽네요).

👩 어머나, 승건 씨. 고마워요. 그런데 제가 이걸 받아도 되나요?

Q 올바른 우리말은?
　❶ 쑥쓰럽네요 ❷ 쑥스럽네요

81 정답은 ❶후유증입니다.

'후유증'이란 단어를 [휴유쯩]이라고 발음하는 분들도 많을 텐데요, 잘못된 발음 때문에 표기까지 잘못 알고 있는 경우가 허다합니다. 이 말은 어떤 일이나 병을 치르고 난 '후(後)'에 남아 있는 병적 증상이나 부작용을 일컫는 말이므로 '후유증(後遺症)'이라고 정확하게 쓰세요.

 서연이 결근한 상황을 부장에게 보고하는 승건.

서연 씨가 과로로 인한 후유증 때문에 몸살감기에 걸렸습니다.

82 정답은 ❷쑥스럽네요입니다.

한글맞춤법에 따라, 'ㄱ, ㅂ' 받침 뒤에서 나는 된소리는 같은 음절이나 비슷한 음절이 겹쳐 나는 경우가 아니면 된소리로 적지 않습니다. 물론 '쑥스럽다'의 발음이 [쑥쓰럽따]이긴 하지만, 표기까지 이렇게 하면 틀리죠. 올바른 표기는 '쑥스럽다'입니다.

 술집에 온 두 친구. 승건이 옆 테이블의 여성에게 말을 걸어 보라고 지훈을 쿡쿡 찌르자,

어떻게 처음 만난 사람한테 쑥스럽게 먼저 말을 걸어?

83

결제 VS 결재

🙂 고객님, 영수 금액 제외한 주차 요금은 8,000원입니다.

😮 어이쿠! 지금 현금이 없는데요. 혹시 카드 (결제 / 결재)는 가능합니까?

Q 올바른 우리말은?
❶ 결제 ❷ 결재

84

경쟁율 VS 경쟁률

🙂 수시 모집에 지원했어? 어디에 원서를 넣을 거야?

🙂 음, 일단 (경쟁율 / 경쟁률)을 좀 더 지켜보고 천천히 지원할 거야.

Q 올바른 우리말은?
❶ 경쟁율 ❷ 경쟁률

83 정답은 ❶ 결제입니다.

이 둘은 한자어라서 뜻에 주의를 기울여 그 차이를 확실하게 구별해야 해요. 대금이나 증권을 주고받아 거래를 끝내는 것이 '결제(決濟)', 상관이 부하가 제출한 안건을 승인하는 것이 '결재(決裁)'입니다. 어려우면 이렇게 외워 보세요. '결제를 통한 경제 활동'! 한자 '제(濟)'가 똑같이 쓰이거든요.

 백화점의 할인 행사장. 이 기회를 놓칠 리 없는 어머니에게 점원이,
현금으로 결제하시면 사은품을 드립니다.

84 정답은 ❷ 경쟁률입니다.

'률(율)'은 비율을 뜻하는 접미사로 한자로는 '率'로 쓰죠. 모음으로 끝나거나 'ㄴ'받침을 가진 일부 명사 뒤에서는 '감소율'이나 '할인율'처럼 '율'로 표기해요. 하지만 본문의 '경쟁률'이나 '출생률'처럼 'ㄴ'받침을 제외한 나머지 받침의 일부 명사 뒤에서는 '률'로 표기해야 맞습니다.

 진학표를 찬찬히 보고 있는 승민과 가은.
이 대학에서는 경영학과가
경쟁률이 가장 높다.

85

부치다 VS 붙이다

승민아, 우체국 갔다 왔어? 아까 엄마가 시킨 일 다 했지?

그럼. 방금 이모한테 소포 (부치고/붙이고) 오는 길이야.

Q 올바른 우리말은?
❶ 부치고 ❷ 붙이고

86

늘이다 VS 늘리다

이번에 신입 사원으로 어떤 사람들이 들어올까? 기대되네.

채용 인원을 대폭 (늘였던데/늘렸던데), 다양한 사람들을 뽑겠지.

Q 올바른 우리말은?
❶ 늘였던데 ❷ 늘렸던데

85 정답은 ❶ 부치고입니다.

본문의 경우에는 '부치다'를 써야 합니다. 편지나 물건 따위를 일정한 수단을 통해 상대에게 보내는 상황이기 때문이죠. '붙이다'는 '맞닿아 떨어지지 않게 하다'란 뜻으로, '붙다'의 사동형입니다. 두 단어의 발음이 같다고 표기를 혼동해서는 안 되겠죠?

부치다

 학교 숙제로 펜팔을 시도한 승민.
편지를 부친 지가 언젠데, 아직도 답장이 없네.

86 정답은 ❷ 늘렸던데입니다.

두 단어의 의미 차이를 살펴볼까요? 수나 양이 많아지게 하는 것은 '늘리다'이고, 본디의 길이보다 길어지게 하는 것은 '늘이다'입니다. 본문에서 많아진 것은 인원이죠? 이는 사람의 '수'에 해당하기 때문에 '늘리다'가 맞는 표현입니다. 반면, 바짓단 따위를 원래 길이보다 길게 할 때는 '늘이다'를 써야 해요.

늘리다

 영어 프레젠테이션을 맡게 된 승건과 서연.
완벽한 발표를 하려면,
연습량을 더 늘려야 해요.

87 끼여들다 VS 끼어들다

승건 씨는 운전을 참 차분하게 하네요. 화도 잘 안 내고.

아니에요. 저도 다른 차가 갑자기 (끼여들기 / 끼어들기)를 하면 욱하는 마음이 생겨요.

Q 올바른 우리말은?
❶ 끼여들기 ❷ 끼어들기

88 부스스하다 VS 부시시하다

승건아, 뒷머리 좀 빗고 출근해라. 잠이 덜 깬 사람처럼 머리가 (부스스하네 / 부시시하네).

아, 머리를 안 감았구나! 어쩐지 뭔가를 빠뜨린 기분이었는데……

Q 올바른 우리말은?
❶ 부스스하네 ❷ 부시시하네

87 정답은 **❷ 끼어들기**입니다.

'끼어들다'는 표기 그대로 [끼어들다]로 발음하기도 하고, [끼여들다]로 발음하기도 하는 단어인데요, 후자의 발음 빈도가 좀 더 높은 듯합니다. 이 때문에 '끼어들다'를 '끼여들다'로 쓰는 경우가 있는데, 이는 잘못된 표기입니다. 따라서 '끼여들기'는 표준어가 아니고 '끼어들기'라고 해야 맞습니다.

 홍보팀과 회의를 끝내고 돌아온 지훈.
신 대리는 남이 말하는 도중에 불쑥 끼어드는 습관이 있더라고.

---

88 정답은 **❶ 부스스하네**입니다.

'ㅅ, ㅈ, ㅊ' 등 혀의 앞쪽에서 발음되는 자음을 '전설(前舌)자음'이라고 해요. 이 자음들은 '전설모음'인 'ㅣ'와 함께 어우러져서 '전설모음화'를 일으켜 굳어지기도 하는데, 대표적인 예로는 '넌지시'가 있죠. 하지만 '부스스하다'의 경우에는 전설모음화 없이 '부스스하다'가 표준어로 쓰입니다.

 헐레벌떡 교실로 달려온 승민을 본 가은.
부스스한 머리 좀 봐. 방금 일어났지?

89 재떨이 VS 재털이

😎 이상하다. 분명히 (재떨이 / 재털이)가 여기에 있었는데……

😊 아, 부장님. 그거 방금 승건 씨가 씻는다고 가지고 나갔어요.

Q 올바른 우리말은?
❶ 재떨이 ❷ 재털이

두리번 두리번

90 새침떼기 VS 새침데기

😠 아래층 새댁, 그 (새침떼기 / 새침데기)가 왜 날 보고 인사를 안 하는지 모르겠어요.

😊 아직 이사 온 지 얼마 안 돼서 어색하니까 그러겠지.
당신이 먼저 살갑게 대해 줘.

Q 올바른 우리말은?
❶ 새침떼기 ❷ 새침데기

89 정답은 ❶ 재떨이입니다.

담뱃재는 떠는 걸까요, 터는 걸까요? 먼저 이것부터 생각해 봅시
다. '떨다'는 달려 있는 것을 쳐서 떼어 내는 것이고, '털다'는 달
려 있는 것이 떨어지게 흔드는 것입니다. 그 행위를 떠올려 보
면, '떨다'가 더 적합하다는 것을 알 수 있죠. 따라서 '재떨이'가
표준어입니다.

 지저분해진 사무실을 정리하던 서연.
어머, 재떨이에 누가 침을 뱉었어요?

90 정답은 ❷ 새침데기입니다.

쌀쌀맞은 성격을 가진 사람을 '새침데기'라고 합니다. 여기에서 '–데기'는 몇몇 명사 뒤
에 붙어서, '그와 관련된 일을 하거나 그런 성격을 지닌 사람'의 뜻을 더하는 접미사로
쓰이죠. '새침데기'는 [새침떼기]라고 발음하는데, 이 발음을 표준어 표기와 혼동하지 않
도록 주의하세요.

 머리를 단정하게 빗어 넘긴 가온. 그 모습을 낯설어
하는 승민에게,
친구들이 나보고 너무 새침데기 같다고 해서.

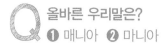

91 매니아 VS 마니아

이야! 서연 씨, 책상에 CD가 도대체 몇 장이에요?

제가 클래식 (매니아/마니아)거든요. 모아 놓으니까 꽤 많네요.

Q 올바른 우리말은?
❶ 매니아 ❷ 마니아

92 워크숍 VS 워크샵

이번 (워크숍/워크샵)은 청평에서 한다는데, 수상스키나 배워 볼까?

휴가도 아니고, 그럴 시간이 있겠어? 꿈 깨.

Q 올바른 우리말은?
❶ 워크숍 ❷ 워크샵

91 정답은 ❷마니아입니다.

한때, '마니아'라는 말이 유행처럼 쓰인 적이 있죠? '커피'부터 시작해서 '영화', '와인', '자동차' 등 수많은 명사에 붙어서, 어떤 한가지 일에 몹시 열중하는 사람이란 뜻으로 썼습니다. 그런데 '마니아'를 '매니아'라고 표기하는 것은 잘못입니다. 지금부터 '우리말 마니아'가 되어 보는 건 어떨까요?

마니아

 자동차 잡지를 건네는 서연에게 승건이가,
내가 자동차 마니아인 건 어떻게 알았어요?

92 정답은 ❶워크숍입니다.

'연수회'라는 뜻의 영어, 'workshop'. 여기에서 'shop'은 영국식 발음에 따르면 '숍'으로, 미국식 발음에 따르면 '샵'으로 표기할 수 있죠. 하지만 영어의 외래어 표기는 주로 영국식을 채택하고 있으므로 '숍'으로 적습니다. 따라서 '워크샵'이 아니라 '워크숍'이 올바른 표기예요.

워크숍

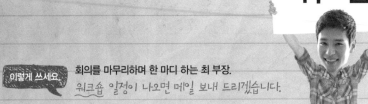

회의를 마무리하며 한 마디 하는 최 부장,
워크숍 일정이 나오면 메일 보내 드리겠습니다.

93 리더쉽 VS 리더십

형, 자기소개서에 자신의 장점을 쓰라는데 뭘 쓰면 좋을까?

너 (리더쉽/리더십) 좋잖아. 반장도 한 번도 안 놓쳤고.

Q 올바른 우리말은?
　❶ 리더쉽 ❷ 리더십

94 캐럴 VS 캐롤

아, 12월이다! 벌써 거리에 (캐럴/캐롤)이 흘러나오네.

난 매년 똑같은 노래만 나오니까 지겹던데.

Q 올바른 우리말은?
　❶ 캐럴 ❷ 캐롤

93 정답은 ❷리더십입니다.

'지도력'이란 뜻을 가진 '리더십(leadership)'의 발음은 [liːdərʃip]
입니다. 여기에서 발음기호 [ʃ]는 영어의 경우에 한해서, 어말에
올 때 '시'로 적어요. 다른 언어의 경우에는 '슈'로 적고요. 그렇
다면 'leadership'은 '리더쉽'이 아닌, '리더십'으로 표기해야 맞
겠죠?

리더십

 요즘 승건에 대해 자주 묻는 서연에게 지훈이가,

승건이는 리더십 하나는 둘째가라면 서러워 할 정도죠.

94 정답은 ❶캐럴입니다.

12월이 되면 곳곳에 울려 퍼지는 성탄 축하 노래, '캐럴'일까요, '캐롤'일까요? 영어
'carol'은, 발음 [kǽrəl]을 그대로 살려서, 우리말로 '캐럴'이라고 표기하는 것이 옳습니
다. 흥겨운 크리스마스 '캐럴', 벌써부터 기다려지지 않나요?

캐럴

 아버지와 저녁 식사를 하러 레스토랑에 온 어머니.

해가 바뀐 지 열흘이 넘었는데
아직도 캐럴이 나오네?

95 떨어트리다 VS 떨어뜨리다

이게 무슨 소리야? 여보, 괜찮아? 깜짝 놀랐잖아.

화분을 안으로 들여놓으려다가 그만 (떨어트렸어요 / 떨어뜨렸어요).

Q 올바른 우리말은?
❶ 떨어트렸어요 ❷ 떨어뜨렸어요

96 외우다 VS 외다

이제 이것만 다 (외우면 / 외면) 오늘 숙제 끝이다!

우리 아들, 공부하네! 자, 간식 좀 먹으면서 해.

Q 올바른 우리말은?
❶ 외우면 ❷ 외면

95 정답은 둘 다 맞습니다.

표준어 규정에 따라, 한 가지 의미를 나타내는 형태 몇 가지가 널리 쓰이고 표준어 규정에 맞으면 모두를 표준어로 삼습니다. '떨어트리다'와 '떨어뜨리다'가 이에 해당하죠. 비슷한 복수 표준어에는 '빠트리다'와 '빠뜨리다', '깨트리다'와 '깨뜨리다' 등도 있어요.

떨어트리다/
떨어뜨리다

 바닥에서 무언가를 줍고 있는 가은.
내가 가장 아끼는 거울인데, 떨어트려서/떨어뜨려서 깨져 버렸어.

---

96 정답은 둘 다 맞습니다.

본말인 '외우다'와 준말인 '외다'는 둘 다 표준어로 인정하는 복수 표준어입니다. '외우다'는 '외우고', '외우니', '외워'처럼 활용하고, '외다'는 '외고', '외니', '외어'처럼 활용하죠. 우리말은 '외우거나', '외지' 말고 이해하며 습득하도록 합시다!

외우다/
외다

 승민의 수학 공부를 도와주던 승건.
공식을 무조건 외우지/외지 말고
먼저 이해를 해야 돼.

97 맨날 VS 만날

사랑은 발견하는 거라는데 벌써 난 사랑을 발견했어.

어휴, 넌 고백도 제대로 못할 거면서 왜 (맨날/만날) 사랑 타령만 하고 있냐?

Q 올바른 우리말은?
❶ 맨날 ❷ 만날

98 먹거리 VS 먹을거리

여보, 가까운 백화점도 있는데 왜 굳이 전통 시장까지 가자는 거예요?

전통 시장에 가면 (먹거리/먹을거리)가 많잖아. 옛 추억도 살리고 말이야.

Q 올바른 우리말은?
❶ 먹거리 ❷ 먹을거리

97 정답은 둘 다 맞습니다.

국립국어원은 2011년 8월 31일에 새로 인정한 39개의 표준어를 발표했습니다. 이 중에 표준어 '만날'과 같은 뜻으로 널리 쓰여서 새롭게 표준어로 추가한 단어가 바로 '맨날'입니다. 이제는 복수 표준어로 둘 다 쓸 수 있으니 고민할 필요가 없겠죠?

맨날/ 만날

 승건과 싸우던 승민을 어머니가 혼내자,
엄마는 맨날/만날 나만 혼내!

98 정답은 둘 다 맞습니다.

'먹거리' 역시, 2011년 8월 31일에 새롭게 인정된 표준어입니다. 원래는 '먹을거리'만 표준어로 쓰였죠. 그런데 '먹거리'는 그 배열 방식이 국어의 정상적인 단어 배열법에 어긋나는 '비통사적 합성어'에 속합니다. 하지만 많은 사람들이 널리 쓰고 있으므로 표준어로 인정한 거예요.

먹거리/ 먹을거리

이렇게 쓰세요. 반찬으로 나온 도토리묵을 보며 아버지가,
먹거리/먹을거리가 많지 않던 시절에는
도토리묵을 참 많이 먹었지.

99 원상복귀 VS 원상복구

엘리베이터에 문제가 생겼는지 갑자기 멈췄는데, 그 안에 몇 명이 갇혔대.

저런. (원상복귀 / 원상복구)를 하려면 시간 좀 걸릴 텐데 고생하겠네.

Q 올바른 우리말은?
❶ 원상복귀 ❷ 원상복구

100 동고동락 VS 동거동락

아버지는 어쩌면 그렇게 어머니 마음을 잘 아세요?

오랜 (동고동락 / 동거동락)한 부부는 닮아 갈 수밖에 없는 거야.

Q 올바른 우리말은?
❶ 동고동락 ❷ 동거동락

이 경우에는 '복귀'인지 '복구'인지를 따져 봐야 해요. 먼저 '복귀
(復歸)'는 본디의 자리로 돌아간다는 뜻이고, '복구(復舊)'는 손
실 이전의 상태로 회복한다는 뜻입니다. 그러므로 '원래의 상태
로 회복하다'는 뜻으로 쓸 때에는 '원상복구(原狀復舊)'라고 해
야 맞습니다.

원상복구

 일본의 지진 소식을 전하는 뉴스 앵커.
지진 피해가 심한 지역을 중심으로 원상복구 작업이 진행 중입니다.

'괴로움도 즐거움도 함께함'이란 뜻의 '동고동락(同苦同樂)'. 이를 '동거동락(同居同樂)'
이라고 쓰면, '한 집에 함께 살며 즐거움을 함께함'이란 뜻이 되어 본디의 뜻과 멀어지
게 되죠. 즐거울 때에만 함께하는 게 아니라 괴로울 때에도 함께해야 진정한 '동고동락'
이 아닐까요?

동고동락

 톱스타의 열애설로 떠들썩해진 사무실.
상대가 5년 동안 동고동락해 온
매니저라던데?

복수 표준어

두 경우 모두 표준어로 인정하는 복수 표준어! 이것도 맞는 것 같고, 저것도 맞는 것 같아서 많이 헷갈리시죠? 그래서 한눈에 보기 쉽도록 표로 정리해 봤습니다. 아울러 2011년 8월과 2014년 12월, 2015년 12월에 새롭게 추가된 표준어 중, 비교적 자주 쓰는 단어도 표에 포함했습니다.

복수 표준어			
메우다	메꾸다	노을	놀
택견	태껸	넝쿨	덩굴
연방	연신	차차	차츰
오순도순	오손도손	장가가다	장가들다
나래	날개	늦장	늑장
복숭아뼈	복사뼈	벌레	버러지
눈꼬리	눈초리	신	신발
간지럽히다	간질이다	시누이	시누
두리뭉실하다	두루뭉술하다	네	예
개발새발	괴발개발	막대	막대기
꾀다	꼬시다	삐치다	삐지다
딴죽	딴지	허접스럽다	허접하다
사그라지다	사그라들다	눈두덩	눈두덩이
굽실	굽신	속병	속앓이
찰지다	차지다	마실	마을
예쁘다	이쁘다	~고 싶다	~고프다

달인 탄생

101 이 자리를 빌어 VS 이 자리를 빌려

 끝으로, 오늘 신제품 발표회가 성공적으로 마무리될 수 있도록 도움을 아끼지
않은 동료들에게 (이 자리를 빌어 / 이 자리를 빌려), 감사의 말을 전합니다.

Q 올바른 우리말은?
❶ 이 자리를 빌어
❷ 이 자리를 빌려

102 내로라하는 VS 내노라하는

 승건 씨, 혹시 뮤지컬 좋아해요? 이번에 (내로라하는 / 내노라하는)
뮤지컬 배우들이 참여하는 작품이 있는데……

그래요? 뮤지컬에 대해선 잘 모르는데,
서연 씨가 소개 좀 해 줄래요?

Q 올바른 우리말은?
❶ 내로라하는 ❷ 내노라하는

101 정답은 ❷이 자리를 빌려입니다.

이 표현은 공식 석상에서 소감을 전하거나 인사를 할 때 많이 쓰이죠? 하지만 많은 사람들이 '이 자리를 빌어'로 잘못 쓰고 있습니다. '빌다'란 동사는 '뜻하는 바가 이루어지길 바라다'란 뜻으로 쓰이므로, 이 경우에는 어울리지 않습니다. '일정한 형식을 취하여 따르다'란 뜻의 '빌리다'를 활용해서, '이 자리를 빌려'라고 해야 맞죠.

이 자리를
빌려

 선거를 앞두고, 유세전이 치열한 가운데 한 후보자가,
저는 이 자리를 빌려, 공약을 성실하게 이행할 것을 약속합니다.

102 정답은 ❶내로라하는입니다.

'어떤 분야를 대표할 만하다'를 뜻하는 표준어는 '내로라하다'입니다. 그런데 이를 '내놓다'와 연관지어 생각해서, '내노라하다'로 혼동하는 경우가 많아요. 하지만 '내로라'가 '나이로라'의 준말이고, '바로 나다'라고 자신 있게 말한다는 뜻임을 기억한다면, 더 이상 헷갈리지 않을 겁니다.

내로라하는

 프로 야구 새 구단 창설 소식을 들은 지훈.
이번에 국내에서 내로라하는 선수들을
대거 영입했더라고.

떨레야 뗄 수 없는 VS 떼려야 뗄 수 없는

😎 오늘 아침 신문에 톱스타 결혼 발표 소식 났더라.

😊 아, 그 둘은 이제 (떨레야 뗄 수 없는 / 떼려야 뗄
수 없는) 관계 아닌가? 연애를 7년 동안 했으니까.

Q 올바른 우리말은?
❶ 떨레야 뗄 수 없는 ❷ 떼려야 뗄 수 없는

가능한 VS 가능한 한

😎 김 대리, 외주 업체한테 디자인 시안은 받았지?

😊 아직 마무리가 덜 됐다고 해서, (가능한 / 가능한 한) 빨리 보내 달라고
말해 뒀습니다.

Q 올바른 우리말은?
❶ 가능한 ❷ 가능한 한

103 정답은 ❷ 떼려야 뗄 수 없는입니다.

'~려고 하여야'가 줄어든 말은 '~려야'입니다. 그럼, '붙어 있는 것을 떨어지게 하다'란 뜻의 동사 '떼다'를 활용한 '떼려고 하여야'를 줄이면 어떻게 될까요? 그렇습니다. '떼려야'가 되겠죠? 그러니까 '떼려야 뗄 수 없는'이 올바른 표현입니다. '뗄레야'는 맞춤법에 어긋나는 잘못된 표기예요.

떼려야 뗄
수 없는

 만취한 승건. 옆에 앉은 지훈을 붙잡고,
나랑 서연 씨는 떼려야 뗄 수 없는 소중한 인연이야.

---

104 정답은 ❷ 가능한 한입니다.

'한'은 주로 '~는 한'의 형태로 쓰여서, 조건의 뜻을 나타냅니다. 따라서 '가능하다면'과 같은 뜻으로는, '가능한 한'이라고 써야 맞죠. 그런데 '가능한'이라고만 쓰면, 형용사 '가능하다'의 관형사형이 되어서, 뒤에 나오는 명사나 의존 명사를 수식하게 되어 조건의 뜻이 사라지게 되죠.

가능한 한

 입원한 이모의 병문안을 온 어머니에게 의사가,
가능한 한 환자와의 접촉을 자제해 주시기
바랍니다.

105 경신 VS 갱신

🙎 우리나라 선수들은 참 대단해요. 자신이 세운 세계 신기록을 스스로 (경신/갱신)하니까요.

😎 난 그런 경기를 직접 현장에서 보는 게 소원이에요.

Q 올바른 우리말은?
❶ 경신 ❷ 갱신

106 일체 VS 일절

😊 이 식당은 조미료를 (일체/일절) 안 쓴다는데, 믿어도 될까요?

😠 일단 음식 나오면 먹어 보자고. 당신 입맛을 어떻게 속일 수 있겠어?

Q 올바른 우리말은?
❶ 일체 ❷ 일절

105 정답은 ❶경신입니다.

'경신'과 '갱신'은 한자가 '更新'으로 같다는 사실, 알고 계셨나요? '更'을 어떤 의미로 쓰느냐에 따라 읽는 방법이 달라지는데요, '고치다'란 뜻으로 쓸 때에는 '경'으로 읽고, '다시'란 뜻으로 쓸 때에는 '갱'으로 읽죠. 본문의 서연 씨는 기록을 깨뜨려 새롭게 고치는 것을 의미했으니까 '경신'이 맞습니다. '갱신'은 기간을 연장한다는 뜻으로, '면허 갱신'처럼 씁니다.

경신

 하반기 실적 보고를 받은 최 부장.
이 성장세라면 내년에도 최대 판매량을 경신할 수 있겠어!

---

106 정답은 ❷일절입니다.

'일체'와 '일절'은 전혀 다른 뜻이므로 주의해야 해요. 명사 '일체'는 '모든 것'이란 뜻이고, 부사 '일절'은 '전혀'의 뜻으로 사물을 부인하거나 행위를 금지할 때 씁니다. 본문에서는 모든 종류의 조미료를 가리킨 것이 아니라, 조미료를 쓰는 행위를 금지하는 뜻으로 썼기 때문에 '일절'이 맞습니다.

일절

 고시생 언니를 둔 가은.
우리 언니는 공부할 때, 전화도 일절 안 받아.

곤혹 VS 곤욕

어제 연기대상 봤어? 대상 탄 여배우, 상 받으려고 무대에 오르다가 넘어졌잖아.

얼마나 (곤혹/곤욕)스러웠을까? 그래도 곧장
아무렇지도 않게 일어나더라.

Q 올바른 우리말은?
❶ 곤혹 ❷ 곤욕

방증 VS 반증

어떻게 서연 씨는 임원들 앞에서도 그렇게 당당하게 말을 잘할까?

그만큼 이번 프로젝트에 대해 자신이 있다는 (방증/반증) 아니겠어?

Q 올바른 우리말은?
❶ 방증 ❷ 반증

107 정답은 ❶곤혹입니다.

'곤란한 일로 인해 느끼는 감정'을 뜻하는 '곤혹', 그리고 '심한 모욕'을 뜻하는 '곤욕'. 이 둘은 어떻게 쓰이는지를 살펴보면 구별하기가 쉬워요. '곤혹'은 주로 '곤혹스럽다'나 '곤혹을 느끼다'라고 쓰고, '곤욕'은 '곤욕을 당하다', '곤욕을 치르다', '곤욕을 겪다'라고 씁니다.

곤혹

 명절을 앞두고 지훈에게 고충을 털어놓는 승건.
명절 때마다 친척들이 언제 결혼하느냐고 물을 때가
제일 곤혹스럽지.

108 정답은 ❶방증입니다.

'방증(傍證)'은 '주변의 상황을 밝힘으로써 어떤 사실을 간접적으로 증명할 수 있게 도움을 주는 증거'란 뜻이고, '반증(反證)'은 '어떤 사실이 옳지 않음을, 그에 반대되는 근거를 들어 증명함'이란 뜻입니다. 즉, A라는 사실을 B라는 근거가 뒷받침하면 '방증'을, 반대하면 '반증'을 쓰면 돼요.

방증

 회의 중 승건과 열띤 토의를 이어가는 지훈.
경쟁사들이 몰린다는 건, 수익성 전망이
좋다는 방증 아닐까?

쑥맥 VS 숙맥

👩 승건 씨는 왠지 연애 경험이 많을 것 같아요. 맞죠?

👨 내가 그렇게 보여요? 난 연애에 관해서는 (쑥맥/숙맥)인데……

Q 올바른 우리말은?
❶ 쑥맥 ❷ 숙맥

눈살 VS 눈쌀

👨 요즘 애들은 게임을 해도 왜 그렇게 잔인한 걸 하는지 몰라.

👩 맞아요. 저번에 승민이 게임 하는 걸 뒤에서 봤는데, (눈살/눈쌀)이 다 찌푸려지더라고요.

Q 올바른 우리말은?
❶ 눈살 ❷ 눈쌀

109 정답은 ❷숙맥입니다.

'숙맥'은 콩인지 보리인지를 구별하지 못한다는 뜻의 '숙맥불변(菽麥不辨)'에서 나온 말입니다. 보통, 사리 분별을 못하고 어리석은 사람을 일컬을 때 쓰죠. 그런데 '숙맥'의 '숙'을 된소리 '쑥'으로 발음하여 그 의미를 강조하려는 경우가 있는데, 이는 잘못된 발음입니다.

 심부름 시켰더니 바가지만 잔뜩 쓰고 돌아온 승민에게 어머니가.

자꾸 숙맥처럼 당하지 말란 말이야!

110 정답은 ❶눈살입니다.

'눈살'은 '눈'과 '살'이 결합하여 만들어진 말로, 발음은 [눈쌀]입니다. 이는 사잇소리 현상에 의한 발음이죠. 이렇게 된소리로 발음하는 현상 때문에 표기까지 된소리로 하는 것으로 착각하면 안 돼요. '눈살'처럼 형태소가 둘 이상 더해진 말은 각각의 원형을 밝혀 적어야 합니다.

 여사원들에게 주름 예방 비법을 전수하고 있는 서연.

눈살을 펴는 느낌으로, 가볍게 눈가를
지압해 주면 돼요.

111 사단 VS 사달

🧑 홍보팀 신 대리, 결국 사표 냈다면서?

🧑 윤 차장이랑 사사건건 부딪치더니 결국
(사단/사달)이 났네.

Q 올바른 우리말은?
❶ 사단 ❷ 사달

112 가시오가피 VS 가시오갈피

👩 승건 씨, 이것 좀 마셔 보세요. (가시오가피/가시오갈피) 열매를 갈아서
만든 차인데 기침에 좋대요.

🧑 서연 씨, 고마워요. 환절기라 그런지 자꾸 기침이 나네요.

Q 올바른 우리말은?
❶ 가시오가피 ❷ 가시오갈피

111 정답은 ❷사달입니다.

본문에서 신 대리가 사표를 낸 건 하나의 사고죠? 그런데 이런 경우에 '사건을 풀어 나갈 수 있는 첫머리'를 뜻하는 '사단(事端)'을 쓰면 안 됩니다. 이럴 땐, '사고'나 '탈'을 의미하는 순우리말인 '사달'을 써야 적절한 표현이 되죠.

 경쟁사의 부도 소식을 접한 승건.
사달을 일으킨 그 사장은 이미 해외로 도피한 상태라는데?

112 정답은 ❷가시오갈피입니다.

다양한 효능을 가진 '가시오갈피'. 온몸에 가시가 나 있는 두릅나뭇과의 식물인데요, 이를 '가시오가피'라고 쓰는 경우가 상당히 많아요. 아마 발음상의 편의 때문에 그렇게 쓰는 것으로 보입니다. 이번 기회에 '가시오갈피'의 올바른 표기를 확실히 익혀 둡시다!

 백화점 시음 코너에서 점원이,
요즘 이 가시오갈피를 약용으로 찾는
손님들이 부쩍 늘었어요.

113 뱃멀미 VS 배멀미

이번에 독도 여행 신청 받는다던데, 가은이 너도 갈 거지?

음……. 독도 정말 가고 싶긴 한데, 내가
워낙 (뱃멀미 / 배멀미)가 심해서…….

Q 올바른 우리말은?
❶ 뱃멀미 ❷ 배멀미

114 어따 대고 VS 얻다 대고

엄마, 나도 스마트폰 좀 사 줘. 그것만 사 주면 공부 진짜 열심히 할게.

아니, (어따 대고 / 얻다 대고) 반말이야? 존댓말로 부탁해도 사 줄까 말까 한데.

Q 올바른 우리말은?
❶ 어따 대고 ❷ 얻다 대고

113 정답은 ❶뱃멀미입니다.

한글맞춤법의 사이시옷에 관한 규정을 살펴보면서, '뱃멀미'가 왜
표준어인지 따져 볼까요? 첫째, 고유어 '배'와 '멀미'의 합성어이
고, 둘째, 앞말 '배'가 모음 'ㅐ'로 끝났으며, 셋째, 뒷말 '멀미'의
첫소리 'ㅁ' 앞에서 [밴멀미]로 'ㄴ' 소리가 덧나므로 사이시옷을
써서 '뱃멀미'로 표기해야 합니다.

 승건이 휴가로 크루즈 여행을 다녀 온 지훈에게 소감을 묻자,
말도 마. 나흘이나 뱃멀미에 시달렸어.

---

114 정답은 ❷얻다 대고입니다.

상당히 헷갈리는 표현이죠? 하지만 정확한 표현은 '얻다 대고'입니다. 왜냐하면 '얻다'가
'어디에다'의 준말이기 때문이에요. 본문에서는 문맥상, '어디에다 대고 반말이야?'로 해
석되므로 '얻다 대고'라고 해야 맞습니다. 한편, '여기에다'나 '저기에다'의 준말은 없다는
점도 참고로 알아 두세요.

 슈퍼마켓 앞에서 아주머니 둘이 싸우고 있는데……
얻다 대고 이래라저래라 하는 거예요?

115 염두에 두다 VS 염두해 두다

🗨️ 이번 사내 아이디어 공모전 지원자가 200명이 넘는다던데?

🗨️ 다들 상금을 (염두에 두고/염두해 두고) 지원한
거겠지.

Q 올바른 우리말은?
❶ 염두에 두고 ❷ 염두해 두고

116 사사하다 VS 사사받다

🗨️ 어머, 승건 씨 멋지네요. 기타도 칠 줄 알아요?

🗨️ 하하하! 우리나라 최고의 기타리스트에게 (사사한/사사받은) 실력, 괜찮았어요?

Q 올바른 우리말은?
❶ 사사한 ❷ 사사받은

115 정답은 ❶염두에 두고입니다.

'염두(念頭)'는 '마음속'을 의미하는 명사입니다. 그러니까 '~(을)를 염두에 두다'라고 하면, '마음속에 어떤 것을 담아 두다'란 뜻이 되죠. 그런데 '염두'를 '염두하다'란 동사로 잘못 알고, '염두해 두다'라고 쓰는 경우가 많은데, '염두하다'는 우리말에 없습니다.

염두에 두다

 무리하게 프로젝트를 떠맡은 승건에게 조언하는 지훈.

실패의 가능성도 <u>염두에 두고</u> 계획을 세워.

116 정답은 ❶사사한입니다.

'사사(師事)하다'의 뜻을 찾아보면, '스승으로 섬기다', 또는 '스승으로 삼고 가르침을 받다'라고 되어 있습니다. 즉, 이미 이 단어에는 '가르침을 받다'란 의미가 포함돼 있는 거죠. 그러므로 '사사받다'라는 잘못된 표현을 써서 '받다'의 의미를 중첩시킬 필요가 없어요.

사사하다

 가은에게 좋아하는 가수의 음악을 소개하는 승민.

알고 보니, 이 가수의 작곡 실력은 유명 작곡가에게 <u>사사한</u> 거래.

117 만반 VS 만발

😄 승민아, 이제 수능이 코앞인데 공부는 많이 해 놨어?

😣 걱정 마, 형. 벌써 (만반/만발)의 준비를 끝냈으니까!

Q 올바른 우리말은?
❶ 만반 ❷ 만발

118 파투 VS 파토

😮 어? 엄마, 일찍 왔네? 계모임 갔다 온다면서?

😟 가는 길에 갑자기 두 명이나 못 온다고 전화가 와서 (파투/파토) 났어.

Q 올바른 우리말은?
❶ 파투 ❷ 파토

117 정답은 ❶만반입니다.

'만반'을 '만발'과 혼동하는 경우가 참 많습니다. '마련할 수 있는 모든 것'이라는 뜻의 '만반'은 뒤에 명사를 수반하여 '만반의 무엇'으로 자주 쓰이죠. '만발'은 '꽃이 활짝 다 핌', 즉 '만개'와 같은 뜻이니까 '만발의 준비'란 표현은 옳지 않고, '꽃이 만발한 정원' 등으로 활용하면 되겠습니다.

 세차 중인 승건. 유난히 차에 광을 내는 데 집중하는데……
자! 이쯤이면 만반의 준비를 마쳤으니까,
이제 서연 씨한테 데이트만 신청하면 되겠다!

118 정답은 ❶파투입니다.

'파투(破鬪)'가 표준어입니다. 화투 놀이에서 판이 무효가 되거나 그렇게 되게 한다는 의미를 가진 '파투'는 '~가 나다', 또는 '~를 놓다'와 함께 쓰여서, 일이 잘못되어 흐지부지됨을 비유적으로 이르기도 하죠. 헷갈리시면, '화투판에서 파투가 나다'라고 기억해 보세요. '투(鬪)'라는 한자가 같거든요.

 가은의 생일 파티를 준비한 승민. 갑자기 가은이 못 오겠다고 하자,
주인공이 파투를 놓으면 어떡해?

119 승부욕 VS 승리욕

이번 주 일요일에 인사팀이랑 하는 축구 시합에서 우리가 꼭 이겨야 돼!

여부가 있겠어? (승부욕/승리욕) 하면 김승건인데.

Q 올바른 우리말은?
❶ 승부욕 ❷ 승리욕

120 고난이도 VS 고난도

나도 피겨스케이팅을 배워서 멋지게 점프를 해 봐야겠어.

점프는 (고난이도/고난도) 기술이라서 당장 익히기가 힘들 텐데.

Q 올바른 우리말은?
❶ 고난이도 ❷ 고난도

119 정답은 ❷승리욕입니다.

이를 정확하게 구분하기 위해서는 한자를 살펴볼 필요가 있어요. '승부(勝負)'는 '이기고 짐'을 뜻하고, '승리(勝利)'는 '겨루어 이김' 을 뜻합니다. 그럼 여기에 '욕망'을 의미하는 접미사 '욕(慾)'을 붙인다면, 어느 쪽이 더 타당할까요? 그렇죠. 당연히 '이기려 는 욕구'의 의미를 가진 '승리욕'이 적합한 표현입니다.

 아파트 주민 배드민턴 대회에서 우승한 아버지 얘기를 하는 승건.

우리 아버지의 <u>승리욕</u>을 따라갈 사람은 아무도 없죠.

---

120 정답은 ❷고난도입니다.

'난이도(難易度)'는 어려움과 쉬움의 정도이고, '난도(難度)'는 어려움의 정도입니다. 이 때, '난이도'에 '높을 고(高)'자를 붙이면, '어려움과 쉬움의 정도가 모두 높다'는 비논리 적인 의미가 되어 버리죠. 따라서 '매우 어렵다'는 뜻을 나타낼 때에는 '고난도'라고 해 야 옳습니다.

 부서 MT 장기자랑을 준비하는 승건. 승민에게 춤 을 가르쳐 달라고 하자,

이건 <u>고난도</u>의 춤이라서 따라 하기 쉽지 않을 텐데.

괄시 vs 괄세

아버지, 승민이랑 목욕탕 다녀올게요.

목욕탕? 나한테는 묻지도 않고, 아버지를 너무 (괄시/괄세)하는 거 아니냐?

Q 올바른 우리말은?
❶ 괄시 ❷ 괄세

찰지다 vs 차지다

승민아, 송편을 그렇게 빚으면 어떡하니? 좀 (찰지게/차지게) 빚어 봐.

엄마, 난 공부가 제일 쉬운 것 같아……

Q 올바른 우리말은?
❶ 찰지게 ❷ 차지게

121 정답은 ❶괄시입니다.

우리말 중에서 한자어에서 온 말은 원음을 살려서 표기해야 합니다. '남을 업신여겨 하찮게 대하다'란 뜻을 가진 '괄시'는 한자로 '恝視'라고 쓰죠. 이때, '볼 시(視)'자를 '세'라고 읽어야 할 근거가 없으므로 '괄세'는 잘못된 표기입니다.

괄시

 사촌의 영어 공부를 도와주려던 승건. 사촌이 거절하자,

나이 어린 사촌에게 괄시를 받다니!

---

122 정답은 둘 다 맞습니다.

반죽 따위가 끈기가 많은 상태를 가리켜, 대부분 '찰지다'라고 말하죠? 그런데 사실 이 표현은 2015년 12월에 비로소 표준어로 인정되었습니다. 그 전까지는 '차지다'가 옳은 표현이었죠. '차지다'는 원래 접두사 '찰'이 붙어 만들어진 파생어로 '찰'의 'ㄹ' 받침은 탈락되어서 발음되지 않기 때문에 '차지다'로 적어야 한다고 보았던 건데, 이제는 '찰지다'를 '차지다'의 원말로 풀이하여 둘 다 표준어로 인정하기로 했습니다.

차지다/
찰지다

 어머니와 둘이서 비빔밥을 먹던 아버지.

이렇게 차진/찰진 밥에 고추장을 비벼 먹으니까, 옛날 생각이 나네.

123 햴쑥하다 VS 햴쓱하다

지훈아, 너 얼굴이 (햴쑥한데 / 햴쓱한데), 무슨 일 있어?

아냐. 그냥 요즘 불면증 때문에 잠을 못 잤더니 그래.

Q 올바른 우리말은?
❶ 햴쑥한데 ❷ 햴쓱한데

124 깎듯이 VS 깍듯이

저 사람 누구야? 누군데 그렇게 (깎듯이 / 깍듯이) 인사를 하는 거야?

아버지 친구 분이신데, 나 초등학생 때
교감 선생님이셨어.

Q 올바른 우리말은?
❶ 깎듯이 ❷ 깍듯이

123 정답은 ❶ 핼쑥한데입니다.

여러분은 발음하기에 '핼쑥하다'가 편하세요, '핼쓱하다'가 편하세요? 실제 발음 빈도를 따져 본다면, 아마 후자가 우세할 거예요. 하지만 얼굴에 핏기가 없고 파리한 상태를 나타내는 말은 '핼쑥하다'입니다. 따라서 올바른 발음도 [핼쑤카다]이고요. 잘못된 발음은 표준어 표기에 맞게 고칩시다!

핼쑥하다

 키우던 강아지가 죽자, 슬픔에 빠진 서연. 그런 서연이 걱정되는 승건.

얼마나 울었는지, 얼굴이 핼쑥하던데?

---

124 정답은 ❷ 깍듯이입니다.

'깍듯이'는 '깍듯하다'의 부사로, '분명하게 예의범절을 갖추는 태도로'란 뜻이에요. 반면, '깎듯이'는 동사 '깎다'에, 앞의 내용과 뒤의 내용이 같음을 나타내는 연결 어미 '~듯이'를 붙인 활용형입니다. 결론적으로, '깍듯이'는 무엇을 깎는 행위와 관련이 없기 때문에, '깎듯이'로 쓰면 안 됩니다.

깍듯이

 승건에게 신입 사원 칭찬을 하는 지훈.

그 신입 사원은 항상 깍듯이 높임말을 쓰더라고.

125 닭달하다 VS 닥달하다

😠 상반기 대비, 하반기 회사 실적이 너무 안 좋네.

😵 부장님 출근하시면, 실적 가지고 우리만
　(닭달하시는/닥달하시는) 거 아냐?

Q 올바른 우리말은?
　❶ 닭달하시는 ❷ 닥달하시는

126 주책없다 VS 주책이다

😊 엄마, 이모는 내가 가은이랑 영화 보러 가는데 왜 따라 오신다는 거야?

😠 이모가? 아이고, 누가 (주책없는/주책인) 인물 아니랄까봐!

Q 올바른 우리말은?
　❶ 주책없는 ❷ 주책인

125 정답은 ❶닭달하시는입니다.

'닭달하다'가 바른말입니다. '남을 단단히 윽박질러 혼을 냄'이란 뜻의 '닭달'은, '닦다'의 어간 '닦-'에 접미사 '-달'이 붙어 파생된 명사입니다. 그러므로 어간의 원형을 그대로 밝혀 '닭달하다'라고 써야 맞습니다. '닥달하다'는 '닭달하다'의 잘못된 표기예요.

닭달하다

 회식이 끝나자마자 자리에서 일어나는 최 부장.

아내가 빨리 들어오라고 닭달해서 이만 들어가겠네.

---

126 정답은 ❶주책없는입니다.

'주책'은 '일정하게 자리 잡힌 주장이나 판단력'을 의미합니다. 따라서 '주책'이 없다고 해야, 줏대 없이 이랬다저랬다 하는 사람을 가리키는 게 되죠. 그런데 이를 '주책이다'라고 표현하면, 실없는 사람이란 뜻에서 멀어지게 되므로, '주책없다'라고 해야 합니다.

주책없다

이렇게 쓰세요. 두 시간째 수다를 늘어놓는 이모에게 어머니가,

주책없는 소리 그만 하고, 얼른 집에 가.

뇌졸증 VS 뇌졸중

여보, 쌀집 할아버지 말이에요. 오늘 새벽에 (뇌졸증 / 뇌졸중)으로 쓰러지셨대요.

저런, 큰일이네. 혼자 사시는 분이……. 누가 발견했대?

Q 올바른 우리말은?
❶ 뇌졸증 ❷ 뇌졸중

천생 VS 천상

이야, 뜨개질 하는 거예요? 서연 씨는 (천생 / 천상) 여자네요.

남동생 생일 선물로 목도리 하나 만들어서 주려고요.

Q 올바른 우리말은?
❶ 천생 ❷ 천상

127 정답은 ❷뇌졸중입니다.

의학적으로, 뇌에 혈액 공급이 제대로 되지 않아 손발의 마비, 언어 장애, 호흡 곤란 따위를 일으키는 증상을 '뇌중풍(腦中風)'이라고 합니다. 이는 다른 말로 '뇌졸중(腦卒中)'이라고도 하죠. 간단하게 '뇌중풍'의 '중(中)'만 기억한다면, '뇌졸증'이라고 잘못 쓰는 일은 없겠죠?

뇌졸중

 TV에 뇌졸중에 대한 방송이 나오는데 의사가,

뇌졸중 환자의 대부분은 신체 마비 증세를 보입니다.

---

128 정답은 ❶천생입니다.

'천생(天生)'은 마치 그렇게 태어난 것 같다고 해서, '날 생(生)'자를 쓰는 단어예요. 반면, '천상(天上)'은 한자의 의미 그대로, '하늘 위'란 뜻입니다. 만약 본문에서 '천상 여자'라고 한다면, 서연 씨는 '하늘 위의 여자'가 되어 버리죠. 따라서 '타고난 것처럼 아주'란 뜻으로는 '천생'을 써야 맞습니다.

천생

 술자리에서 지훈과 죽마고우임을 자랑하는 승건.

이 친구는 학창 시절에 지각 한 번 하지 않은 천생 모범생이에요.

갈갈이 VS 갈가리

김승민, 이거 뭐야? 성적표를 왜 (갈갈이/갈가리) 찢어서 버렸어?

앗! 형, 나 이번에 모의고사 망쳤는데, 제발 엄마한테 말하지 마.

Q 올바른 우리말은?
❶ 갈갈이 ❷ 갈가리

간지르다 VS 간질이다

이거 봐. 하양이 발바닥을 (간지르면/간질이면) 낑낑거린다.

진짜네? 귀여워라. 나도 한번 해 볼래.

Q 올바른 우리말은?
❶ 간지르면 ❷ 간질이면

129 정답은 ❷갈가리입니다.

여러 가닥으로 갈라지거나 찢어진 모양을 나타낼 때, '가리가리'라는 부사를 씁니다. 이는 줄여서 '갈가리'라고도 표기하고요. 한편, '갈갈이'는 가을에 미리 논밭을 갈아 두는 '가을갈이'를 줄인 말로, '갈가리'와 전혀 다른 뜻을 갖고 있으니 혼동하지 않도록 주의합시다.

 죽은 강아지를 그리워하는 서연.
불쌍한 해피를 생각하면, 마음이 <u>갈가리</u> 찢어지는 것 같아요.

130 정답은 ❷간질이면입니다.

동요 '퐁당퐁당'에는 '우리 누나 손등을 간지려 주어라'라는 가사가 나옵니다. 여기에서 '간지려'는 '간지르다'를 활용한 꼴인데, 이는 표준어가 아니에요. '간지럽게 하다'란 뜻으로는 '간질이다'를 써야 맞습니다. 따라서 '간질이고', '간질이니', '간질여' 등으로 활용해야 하겠죠? 누나 손등은 '간질여' 주세요.

 동료들과 신제품 광고 문구를 논의하는 승건.
'코끝을 <u>간질이는</u> 추억의 향기', 어때?

131 별의별 VS 별에별

어제 회식 때 서연 씨가 네 옆자리에 앉던데?

안 그래도 그것 때문에 (별의별/별에별) 생각이 다 들어. 날 좋아하는 걸까?

Q 올바른 우리말은?
❶ 별의별 ❷ 별에별

132 까탈스럽다 VS 까다롭다

홍보팀 윤 차장, 원래 그렇게 (까탈스러운/까다로운) 사람이야?

악명 높지. 작년에 차장으로 승진하면서 더 심해졌다던데!?

Q 올바른 우리말은?
❶ 까탈스러운 ❷ 까다로운

131 정답은 ❶별의별입니다.

관형사 '별의별'은 '보통과 다른 갖가지의'란 뜻으로 쓰이고, 줄여서 '별별'이라고도 하죠. 이는 [벼릐별], 또는 [벼레별]이라고 발음하는데, 후자의 발음 때문에 '별에별'로 잘못 표기하는 경우가 많습니다. 그러나 올바른 말은 '별의별'이라는 것, 꼭 기억하세요!

별의별

 주말에 소개팅 나간 지훈, 승건에게 상대에 대해 이야기하는데,
내가 별의별 농담을 다 했는데도 한 번도 웃지 않더라.

132 정답은 ❷까다로운입니다.

표준어 규정에 따라, 의미가 똑같은 형태가 몇 가지 있을 경우, 그 중 어느 하나가 압도적으로 널리 쓰이면 그 단어만을 표준어로 삼습니다. 그런데 '까탈스럽다'와 '까다롭다' 중에서는 후자의 사용 빈도가 훨씬 높죠. 따라서 '까다롭다'가 올바른 표현입니다.

까다롭다

 별미로 만든 비빔국수를 승민이 안 먹자 어머니가,
무슨 사내 녀석이 식성이 이렇게 까다롭니?

133 몰아붙이다 VS 몰아부치다

승민이 너, 또 아버지한테 학원비로 쓸 거라고 거짓말하고 그 돈으로 옷 샀지?

너무 (몰아붙이지/몰아부치지) 마, 형. 이번엔 진짜란 말이야.

Q 올바른 우리말은?
❶ 몰아붙이지 ❷ 몰아부치지

134 그리고 나서 VS 그러고 나서

(그리고 나서/그러고 나서) 어떻게 됐는데요? 승건 씨가 이겼나요?

지훈이는 테니스로 나한테 상대가 안 돼요.
다시 도전하더니, 결국 또 졌어요. 하하하!

Q 올바른 우리말은?
❶ 그리고 나서 ❷ 그러고 나서

133 정답은 ❶몰아붙이지입니다.

'몰아붙이다', '쏘아붙이다', '밀어붙이다' 등 뒷말로 붙어 쓰일 때에
는 대부분 '붙이다'로 표기해요. 단, 예외적으로 '벗다'와 결합할
때에는 '벗어부치다'가 맞습니다. 이들은 모두 '한쪽 방향으로
몰려가게 하다'의 뜻을 갖고 있다는 공통점이 있죠. 또한 이들
은 한 단어이므로 붙여 써야 합니다.

몰아붙이다

이렇게 쓰세요. 어머니 몰래 가은과 콘서트에 가려던 승민. 하지만,
엄마가 매섭게 몰아붙이는 바람에 사실대로 말해 버렸어.

134 정답은 ❷그러고 나서입니다.

먼저, 올바른 표현인 '그러고 나서'의 구조를 살펴봅시다. 동사 '그러다'에 연결 어미 '∼
고'가 붙은 '그러고'에, 보조동사 '나다'의 활용형인 '나서'가 결합된 꼴이죠. 그런데 '그리
고 나서'는 문법적인 분석이 불가능합니다. 왜냐하면 '그리고'라는 접속부사에는 보조
동사가 결합할 수 없기 때문이에요.

그러고 나서

이렇게 쓰세요. 지훈의 첫사랑 이야기를 듣던 서연.
그러고 나서 그 여자랑 언제 다시 만났어요?

135 추스르다 VS 추스리다

😮 승민이가 어디 아픈가? 몸도 제대로 못 (추스르고/추스리고) 계속 누워만 있어요.

😠 어제 비 오는데 농구 한다고 오래 나가 있더니만 감기에 걸렸나?

Q 올바른 우리말은?
❶ 추스르고 ❷ 추스리고

136 메슥거리다 VS 미식거리다

😣 점심때 음식을 잘못 먹었나? 속이 (메슥거리네/미식거리네).

😟 너도 그래? 나도 아까부터 계속 울렁거리고 이상하네.

Q 올바른 우리말은?
❶ 메슥거리네 ❷ 미식거리네

135 정답은 ❶추스르고입니다.

'추스리다'는 국어에 없는 말입니다. 몸을 가누어 움직이거나, 일이나 생각 따위를 수습하여 처리할 때에는 '추스르다'라고 해야 맞죠. 그런데 '추스르다'의 활용에 특히 주의해야 하는데요, 이는 '르' 불규칙 활용을 하기 때문에, '추슬러', '추슬렀다', '추슬러라' 등으로 써야 합니다.

 반상회 이웃들과 등산을 다녀온 어머니.
오랜만에 등산을 했더니, 팔다리를 못 추스르겠네.

136 정답은 ❶메슥거리네입니다.

먹은 것이 되넘어 올 것같이 속이 심하게 울렁거릴 때, 여러분은 어떻게 표현하세요? 지역에 따라서는 '미식거리다'가 더 많이 쓰이는 것 같기도 하지만, 표준어는 '메슥거리다'입니다. '메슥대다', 또는 '메스껍다'라고 표현할 수도 있어요.

 중국 출장에서 막 돌아온 지훈.
충칭은 매연이 얼마나 심한지,
속이 다 메슥거리더라고.

엉겹결 VS 엉겁결

어제 (엉겹결에 / 엉겁결에) 서연 씨한테 고백해 버렸어.

뭐? 정말? 어쩌다가? 농담 아니지?

Q 올바른 우리말은?
❶ 엉겹결에 ❷ 엉겁결에

뒤치닥거리 VS 뒤치다꺼리

아래층 새댁은 아침마다 남편 (뒤치닥거리 / 뒤치다꺼리)에
정신이 없나 봐요.

결혼한 지 얼마 안 됐으니까. 곧 익숙해지겠지.

Q 올바른 우리말은?
❶ 뒤치닥거리 ❷ 뒤치다꺼리

137 정답은 ❷ 엉겁결에입니다.

여러분, '엉겁결'을 한번 발음해 보세요. [엉겁껼]이라고 제대로 발음했나요? 아마 [엉껍껼]이라고 잘못 발음한 분들도 많을 텐데요, 사실, 이 단어는 발음하기가 그리 쉬운 단어는 아니죠. 그렇다고 해서 틀린 발음 때문에 표기까지 혼동해서는 안 됩니다. '뜻하지 않은 순간'은 '엉겁결'이에요!

엉겁결

 서연과의 첫 데이트 이야기를 꺼내는 승건.

서연 씨의 눈을 보고 있다가 엉겁결에 손을 잡아 버렸어.

---

138 정답은 ❷ 뒤치다꺼리입니다.

'뒤치닥거리'가 표준어가 아닌 까닭은 그 구조를 보면 알 수 있습니다. 이는 '뒤치닥'에 접미사 '~거리'가 결합된 꼴로 볼 수 있는데, '뒤치닥'이란 말은 국어에 없는 말이죠. 이렇게 어원을 밝힐 수 없거나 어원에서 멀어진 말은 표준어로 인정하지 않습니다. 올바른 말은 '뒤치다꺼리'예요.

뒤치다꺼리

 오랜만에 동창들을 만난 어머니.

요즘 승민이 뒤치다꺼리 하랴, 집안일 하랴, 정신없어.

139

인재 VS 재원

🧑 이번에 입사한 신입 사원 중에, 한재호라는 친구가 그렇게 대단하다면서?

😊 명문대 조기 졸업에, 미국에서 MBA까지
취득한 (인재/재원)(이)라는데?

Q 올바른 우리말은?
❶ 인재 ❷ 재원

140

장본인 VS 주인공

👩 여보, 내가 몸이 안 좋아서 아무래도 이번 주말에 여행은 못 갈 것 같아요.

👨 아니, 이번 여행의 (장본인/주인공)이 그런 소리를 하면 되나?

올바른 우리말은?
❶ 장본인 ❷ 주인공

139 정답은 **❶인재**입니다.

많은 사람들이 혼동하여 쓰는 '인재'와 '재원'. 자신도 모르는 사이에 남의 성별을 바꿨을 가능성이 큽니다. 이게 무슨 말이냐고요? '재원(才媛)'은 재주가 뛰어난 젊은 여자를 가리키기 때문이죠. 그러니까 지금부터는 능력이 뛰어난 남자에겐 '재원'이 아닌, '인재'란 말을 써 주세요!

인재

 인사팀 한 대리의 초고속 승진 소식을 들은 승건.
입사한 지 4년 만에 과장으로 승진하다니, 대단한 인재군.

---

140 정답은 **❷주인공**입니다.

'장본인(張本人)'은 '어떤 일을 꾀하여 일으킨 바로 그 사람'이란 뜻입니다. 물론, 이 말은 사전적 의미에 따르면 긍정적인 상황에도 쓸 수 있겠지만, 주로 부정적인 맥락에서 더 많이 쓰입니다. 긍정적인 상황에서는 이 말보단, '어떤 일에서 중심이 되거나 주도적인 역할을 하는 사람'이란 뜻의 '주인공'을 쓰는 것이 더 자연스럽죠.

주인공

 신제품 발표회를 마치고 승건을 칭찬하는 최 부장.
김 대리가 바로 오늘 발표회를 성공적으로 이끈 주인공입니다.

플래카드 VS 플랭카드

지성이면 감천이라고, 김승건이 드디어 서연 씨와 사귀게 되다니, 축하한다!

하하하, 고마워. 마음 같아서는 당장 (플래카드 / 플랭카드)라도 내걸고 싶다.

Q 올바른 우리말은?
❶ 플래카드 ❷ 플랭카드

나레이션 VS 내레이션

지금 저 (나레이션 / 내레이션), 누가 한 거냐? 목소리가 아주 좋네.

신인 배우라는데, 성우라고 해도 믿겠네.

Q 올바른 우리말은?
❶ 나레이션 ❷ 내레이션

141 정답은 ❶ 플래카드입니다.

현수막을 영어로는 'placard'라고 하죠. 이 단어는 발음이 [plǽkɑ:rd] 인데, 발음기호를 보면, '플랭카드'처럼 특별히 받침 'ㅇ'을 넣어 발음해야 할 근거가 없습니다. 따라서 이 단어는 원어의 발음을 그대로 살려서 '플래카드'라고 표기합니다.

플래카드

 자신 있게 목표 대학을 말한 승민에게 어머니가,

우리 아들, 그 대학에 들어가면 엄마가 플래카드라도 붙일게.

142 정답은 ❷ 내레이션입니다.

이 말 역시 외래어 표기법에 따라, 원어의 발음을 존중하여 적습니다. 영어 'narration' 의 발음은 [nærĕiʃən]이죠. 그런데 첫음절의 발음기호 [æ]는 모음 'ㅐ'로 소리 나기 때문에, 우리말로는 '나레이션'이 아니라, '내레이션'이라고 써야 합니다. 그럼, 사람을 가리킬 때에도 '나레이터' 아니라, '내레이터'가 맞겠죠?

내레이션

 회의 때 쓸 영상을 만들고 있는 서연.

승건 씨 목소리가 좋으니까 내레이션을 하는 게 어때요?

143 카디건 VS 가디건

🧑 지훈, 이것 좀 봐. 우리 서연 씨가 선물해 준 (카디건/가디건)이야. 예쁘지?

🧑 예쁘다, 예뻐. 사귄 지 얼마나 됐다고 우리 서연 씨라니, 너도 참!

Q 올바른 우리말은?
❶ 카디건 ❷ 가디건

144 프러포즈 VS 프로포즈

👩 어머, 웬 꽃이야? 내가 제일 좋아하는 백합이네!

🧑 아까 승건이가 놓고 가던데요. 그 친구, 서연 씨한테 (프러포즈/프로포즈)라도
하려나 봐요?

Q 올바른 우리말은?
❶ 프러포즈 ❷ 프로포즈

143 정답은 ❶카디건입니다.

날씨가 쌀쌀할 때, 단추를 채워 멋스럽고 따뜻하게 입을 수 있는
스웨터가 바로 '카디건'이죠. 이 말은 영어로 'cardigan'이라고
쓰고, [káːrdigən]이라고 발음해요. 그러므로 원어의 발음에
따라, '가디건'이 아니라 '카디건'으로 표기하는 것이 맞습니다.

카디건

 이렇게 쓰세요. 어머니가 승민에게 사촌 결혼식에 입고 갈 옷을 건네자,

이 카디건은 아저씨처럼 보여서 싫단 말이야.

---

144 정답은 ❶프러포즈입니다.

사실, '프러포즈'보다는 '프로포즈'가 훨씬 더 많이 쓰이고 있긴 하지만, 외래어를 우리
말로 표기할 때에는 원어의 발음을 최대한 존중해서 적어야 합니다. 'propose'의 발음,
[prəpóuz]에서 발음기호 [ə]는, 모음 'ㅗ'보다는 'ㅓ'에 더 가깝기 때문에 '프러포즈'라고
표기해야 해요.

프러포즈

이렇게 쓰세요. 서연에게 줄 반지를 산 승건.

역시 프러포즈엔 반지가 빠질 수 없지!

145 찌뿌둥하다 VS 찌뿌듯하다

어제 독서실 의자에 앉아서 잤더니 온몸이 (찌뿌둥하네 / 찌뿌듯하네).

우리 아들이 요즘에 공부 열심히 하네! 엄마가 좀 주물러 줄게.

Q **올바른 우리말은?**
❶ 찌뿌둥하네 ❷ 찌뿌듯하네

146 딴전 VS 딴청

서연 씨랑 나랑 사귀는 거 다들 어떻게 안 거야?

이제 와서 (딴전 / 딴청)을 피워도 소용없어.
벌써 회사에 소문 다 퍼졌다.

Q **올바른 우리말은?**
❶ 딴전 ❷ 딴청

145 정답은 둘 다 맞습니다.

2011년 8월 31일, 국립국어원이 새롭게 추가한 복수표준어, '찌뿌둥하다'. 원래 '찌뿌듯하다'만 표준어로 인정했지만, 지금은 둘 다 '몸이 무겁고 거북하다'는 뜻으로 쓸 수 있습니다. 또, 날씨나 기분, 표정을 표현할 때에도 쓰이죠.

**찌뿌둥하다/
찌뿌듯하다**

 낚시 채비를 꾸리는 아버지에게 어머니가,

이렇게 <u>찌뿌둥한/찌뿌듯한</u> 날씨에 꼭 낚시를 가야겠어요?

---

146 정답은 둘 다 맞습니다.

어떤 일을 하는 데 그 일과는 전혀 관계없는 일이나 행동을 가리켜 '딴전', 또는 '딴청'이라고 합니다. 표준어 규정에 따르면, '딴전'과 '딴청'은 모두 같은 뜻으로 널리 쓰이며 표준어 규정에도 어긋나지 않기 때문에 복수 표준어로 인정합니다.

딴전/딴청

 온 가족이 모여 코미디 프로그램을 보고 있는데…….

하하하! 저 남자, 능청스럽게 <u>딴전/딴청</u> 피우는 모습 좀 봐!

147 야밤도주 VS 야반도주

경쟁사 외주 업체 대표가 월급날 앞두고 (야밤도주 / 야반도주)했다는데요?

어휴, 우리 쪽이랑 연관된 업체가 아닌 게 얼마나 다행이에요?

Q 올바른 우리말은?
❶ 야밤도주 ❷ 야반도주

148 일사분란 VS 일사불란

교내에 계신 교직원 및 학생 여러분, 잠시 안내 말씀 드립니다.
지금부터 약 20분 동안 화재 대피 훈련을 실시하겠습니다. 학생들은 각 반
인솔자의 지시에 따라 (일사분란하게 / 일사불란하게) 움직여 주시기 바랍니다.

Q 올바른 우리말은?
❶ 일사분란하게 ❷ 일사불란하게

147 정답은 ❷야반도주입니다.

도주는 주로 밤에 한다는 생각 때문일까요? '야밤도주'라고 잘못
표현하는 경우를 흔히 볼 수 있습니다. '남의 눈을 피해 한밤중
에 도망함'이란 뜻의 사자성어는 '야반도주(夜半逃走)'입니다.
'밤'이라는 단어에 너무 집착하지 마세요.

야반도주

 갑자기 채널을 돌리는 아버지. 뉴스에서 속보가 나오는데…….

수사 결과, 용의자는 범행 직후에 공범과 야반도주한 것으로
확인됐습니다.

148 정답은 ❷일사불란하게입니다.

이 사자성어는 그 의미를 살펴보면 쉽게 올바른 표기를 찾아낼 수 있습니다. '한 가닥
의 실도 엉키지 않음', 즉, '조금도 흐트러지지 않음'이란 뜻에서, '~지 않음'에 해당하는
부분을 한자로 쓰면 '아닐 불(不)'이 적합하겠죠? 따라서 '일사불란(一絲不亂)'이 맞는
말입니다.

일사불란

 동네 상가에 불이 나서 주민들이 몰려든
상황을 본 아버지가,

소방관들이 사람들을 일사불란하게
대피시켜서 다행이지……

149

천장부지 VS 천정부지

요즘 과일값이 (천장부지/천정부지)로 치솟아서 장보기가 무섭다니까요.

날씨가 이렇게 오락가락하니, 작황이 좋을 리가 있나? 걱정이네.

Q 올바른 우리말은?
❶ 천장부지 ❷ 천정부지

150

환골탈태 VS 환골탈퇴

박 대리 살 빠진 거 봤어? 완전히 다른 사람이 됐더라고.

거의 (환골탈태/환골탈퇴) 수준이던데? 박 대리가 독한 구석이 있어.

Q 올바른 우리말은?
❶ 환골탈태 ❷ 환골탈퇴

149 정답은 ❷**천정부지입니다.**

'천장'과 '천정'만 놓고 보면 '천장'이 표준어예요. 그러나 천정부지(天井不知)의 경우에는, 한자 그대로 널리 쓰이고 있으므로 '천정부지'를 표준어로 인정합니다. 이는 '천장을 알지 못하다'란 뜻으로, 물가 따위가 끝없이 오르기만 함을 비유적으로 나타내는 사자성어죠.

 반상회에 모여서 소문을 주고받는 아주머니들.
옆 단지에 거주 희망자가 늘어서, 임대료가 천정부지로 치솟았대요.

---

150 정답은 ❶**환골탈태입니다.**

'뼈를 바꾸어 끼고 태를 바꾸어 쓴다'는 뜻의 '환골탈태(換骨奪胎)'. '환골탈퇴'가 잘못된 표현이란 근거는 이미 뜻에 다 나와 있죠. 원래는 '고인이 남긴 시문의 형식을 바꾸어서 먼저 것보다 잘되게 함'을 이르는 말인데, 사람에게 쓰면, '더 나은 방향으로 변하여 전혀 딴사람이 됐다'는 뜻이 됩니다.

 어머니가 잡지 광고를 보고,
머리 모양을 바꾸는 것만으로도 환골탈태가 가능하다니!

쉬어 가기 3
인터넷 신조어

인터넷을 사용하다 보면, 도무지 그 뜻을 알 수 없는 각종 속어나 은어들을 쉽게 접할 수 있습니다. 오죽하면 이를 가리켜서, '외계어'라고 할까요? 이런 신조어 대신 아름다운 우리말을 사용하는 습관을 지금부터 길러 봅시다!

엄친아 엄마 친구의 아들. 집안, 학력, 외모를 두루 갖춘 완벽한 사람.

    예 새로 온 이사님, 완전 엄친아던데?

    순화 새로 온 이사님, 정말 완벽한 사람이던데?

지못미 '지켜주지 못해 미안해'의 줄임. 안쓰러운 상대방에게 하는 위로의 말.

    예 그 가수, 춤추다가 바지가 찢어졌던데, 지못미.

    순화 그 가수, 춤추다가 바지가 찢어졌던데, 참 안쓰러웠어.

넘사벽 '넘을 수 없는 사차원의 벽'의 줄임. 대적할 수 없는 상대.

    예 김연아 선수는 피겨계 넘사벽임.

    순화 김연아 선수는 피겨계에서 최고야.

깜놀 '깜짝 놀라다'의 줄임.

    예 야! 노크도 안 하고 들어와서 깜놀했잖아.

    순화 야! 노크도 안 하고 들어와서 깜짝 놀랐잖아.

볼매 '볼수록 매력이 있는 사람'의 줄임.

    예 내 동생은 볼매 스탈이라서 친구가 많아요.

    순화 내 동생은 볼수록 매력이 있어서 친구가 많아요.

불펌 게시자의 허가 없이 마음대로 자료를 스크랩하는 것.

    예 불펌 금지!

    순화 자료 마음대로 옮겨가지 마세요.

리플 영어 단어 Reply의 줄임. 게시물, 또는 기사의 댓글.

    예 내 사진에 리플이 100개나 달렸다.

    순화 내 사진에 댓글이 100개나 달렸다.

03

셋째 마당
확장하기

생활 속 우리말
우리말 낭독 연습

생활 속 우리말

여러분은 인터넷 기사를 읽거나 SNS를 사용할 때에 잘못된 우리말을 보고 고개를 갸우뚱한 경험이 있으세요? 온라인 시대에 가장 안타까운 것 중 하나는 정보와 관계망들은 점점 더 많아지는데 우리말을 바르게 쓰려는 노력이 매우 부족하다는 점입니다. 지금부터 우리에게 익숙한 온라인 매체의 틀을 빌려 생활 속 우리말을 점검해 보겠습니다. 이번 기회에 우리가 습관적으로 쓰는 오류를 바로잡아 봅시다!

OH! STAR 뉴스

연예 채정후 깜짝 고백, "내가 결혼하고 싶은 상대는……"

탑배우 채정후(29)가 방송에서 처음으로 결혼에 대해 언급했다.

채정후는 8월 7일, SBC FM '행복한 오후, 2시'에 출연해, 자신이 결혼하고 싶은 상대는 공개 연인인 정아람(26)이라고 밝혔다.

또, "정아람과 결혼에 대해서 이야기를 나눴느냐?"는 DJ의 질문에, 채정후는 "이야기는 해 봤지만, 아직 구체적인 계획은 없다."고 답했다.

이같은 소식을 접한 네티즌들은, "두 사람, 드디어 결혼하는 건가!", "그럴줄 알았어.", "이제부터 딴 생각하면 아니, 아니, 아니 되오.", "세기의 커플, 추카추카!" 등의 다양한 반응을 보였다. (사진 출처 : SBC)

🧑 네티즌 의견

댓글(총 142개)   ✏️등록순 👍추천순

온니원	애들 결혼 아직도 안 했어?
푸른구슬	어머, 진심으로 축하해요! 내가 제일 좋아하는 연애인들~ *^^*
lemontree80	잘어울리지만… 나와는 상관 없는 일.ㅋ
로뎅오뎅	배아프면… 지는 건가?;;;;;;
쟤시켜알바	정아람은 내 꺼!!!
kpop201	이게 다 그 영화때문이다. 같이 출연하면서 눈 맞은 거지…
진수진	선남선녀. 문안하게 결혼까지 갈 듯?

탑배우　　→　톱배우
'정상'을 뜻하는 top은 '톱'이라고 쓰고, [톱]이라고 발음합니다.

이같은　　→　이 같은
지시대명사 '이'와 형용사 '같은'은 별개의 단어이므로 띄어 씁니다.

네티즌　　→　누리꾼
외래어인 '네티즌'을 토박이말인 '누리꾼'으로 순화합니다.

그럴줄　　→　그럴 줄
'줄'은 의존 명사이므로 띄어 씁니다.

딴 생각　　→　딴생각
'딴생각'은 한 단어이므로 붙여 씁니다.

추카　　→　축하
'추카'는 '축하'의 잘못입니다.

애들　　→　얘들
문맥상, '이 아이들'을 줄인 '얘들'이 맞습니다. '애들'은 '아이들'의 줄인 꼴입니다.

연애인　　→　연예인
'연애인'은 '연예인(演藝人)'의 잘못입니다.

잘어울리다　　→　잘 어울리다
부사 '잘'이 '어울리다'를 수식하는 경우로, 두 개의 단어이므로 띄어 씁니다.

상관 없는　　→　상관없는
'상관' 뒤에 따로 조사가 붙지 않는 경우, 한 단어로 붙여 씁니다.

배아프면　　→　배 아프면
'배(가) 아프다'에서 조사 '가'가 생략된 꼴이므로 띄어 씁니다.

내 꺼　　→　내 것
'꺼'는 '것'을 불필요하게 된소리화한 형태입니다.

영화때문　　→　영화 때문
'때문에'는 의존 명사이므로 띄어 씁니다.

문안하게　　→　무난하게
'문안하게'는 '무난하게'의 잘못입니다.

facebook 👥 💬

Seo Yeon Jang
금요일 오후 1:34 모바일에서

일곱달이나 기다렸던 휴가!

하와이 와이키키 해변에서 휴가중.

이렇게 아름다운 바다를 보고 그냥 넘어갈수는 없어서……. 찰칵!

좋아요 · 댓글달기 · 공유하기 김승건 님, Jake Bae 님 외 👍 11명이 좋아합니다.

> 🙂 김승건 우와~~~ 끝 없이 펼쳐진 바다!! 부러워요.ㅋㅋ 좋아요 👍
>
> 😎 Jake Bae 사진작가로써 본 이 사진의 점수는요……ㅋㅋㅋㅋ 좋아요 👍
>
> 🙂 유지훈 저희 나라에선 못본 바다색이네요~ 좋아요 👍
>
> 🤓 최현식 장대리, 좋겠네!
>
> 😊 Eun Ji Lee 언니 떠난지 이틀 밖에 안 지났는데 벌써 보고 싶어~ ㅠㅠ
>
> 😟 구희진 서연아, 이런 사진 올리지마. ㅠㅠ 난 휴가도 못 가는데,
> 너무 하잖아……. ㅠㅠㅠㅠㅠㅠ
>
> 😄 로라킴 빨리와!!!!!

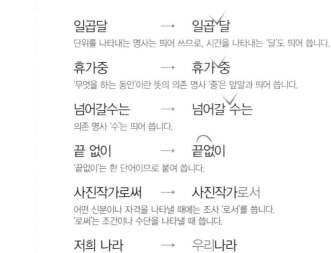

일곱달 → 일곱 달
단위를 나타내는 명사는 띄어 쓰므로, 시간을 나타내는 '달'도 띄어 씁니다.

휴가중 → 휴가 중
'무엇을 하는 동안'이란 뜻의 의존 명사 '중'은 앞말과 띄어 씁니다.

넘어갈수는 → 넘어갈 수는
의존 명사 '수'는 띄어 씁니다.

끝 없이 → 끝없이
'끝없이'는 한 단어이므로 붙여 씁니다.

사진작가로써 → 사진작가로서
어떤 신분이나 자격을 나타낼 때에는 조사 '로서'를 씁니다.
'로써'는 조건이나 수단을 나타낼 때 씁니다.

저희 나라 → 우리나라
'나라'와 '민족'은 다른 나라나 민족 앞에서 낮출 대상이 아닙니다.

못본 → 못 본
부정의 의미를 가진 부사 '못'은 뒷말과 띄어 씁니다. 단, 뒤에 '하다', '쓰다',
'되다'가 오는 경우는 붙여 씁니다.

장대리 → 장 대리
자격이나 신분을 나타내는 말은 성과 띄어 씁니다.

떠난지 → 떠난 지
시간의 경과를 나타내는 의존 명사 '지'는 앞말과 띄어 씁니다.

이틀 밖에 → 이틀밖에
뒤에 부정어가 오는 조사 '밖에'는 앞말과 붙여 씁니다.

올리지마 → 올리지 마
'~지 마'의 형태로 활용하는 보조 동사 '말다'는 띄어 씁니다.

너무 하잖아 → 너무하잖아
원형인 '너무하다'가 한 단어이므로 붙여 씁니다.

빨리와 → 빨리 와
부사 '빨리'와 동사 '오다'는 별개의 단어이므로 띄어 씁니다.

Tweets All / No replies

 김승건 13/6/30 오후 10:34
성공한 사람 보다 가치있는 사람이 되도록 하라. - 아인슈타인

 승민짱 13/6/30 오후 9:23
ㅋㅋ 우리 형, 어떻하지? 나 만큼 바보다.ㅋㅋ "@Winwin88: 라면을 끓이다가 실수로 우유를 부었는데……. 오, 맛있다!!"

 김승건 13/6/30 오후 9:21
라면을 끓이다가 실수로 우유를 부었는데……. 오, 맛있다!!

 김승건 13/6/30 오후 9:10
@Ironmania42 @leonajang 다음 얘기 궁금하다.ㅋ

 SeoYeonJang 13/6/30 오후 9:09
@Ironmania42 드라마 보는 남자였네요~ 저도 대기 중이였는데…….

 유지훈 13/6/30 오후 9:02
오늘 드라마 결방, 짜증난다. ──+

 박진규 13/6/30 오후 8:55
@Jjunpdwa 맛있겠는데? 먹고싶다. 역시 기대를 져버리지 않는군!

 쭌pd 13/6/30 오후 8:47
울 와이프가 끓여 준 쌀국수. 마법같은 해장! twitpic.com/cu3dwj

 김승건 13/6/30 오후 8:19
@leonajang 요리까지 잘 하다니!! 욕심쟁이!!

 SeoYeonJang 13/6/30 오후 8:18
짱아찌를 만들어 보려고 양파 껍데기를 벗기는데, 눈물이…….

사람 보다 → 사람보다

'~에 비해서'라는 뜻의 격조사 '보다'는 앞말과 붙여 씁니다.

가치있는 → 가치 있는

'가치 있는'은 '가치(가) 있다'의 활용이므로 띄어 씁니다.

어떻하지 → 어떡하지

'어떻하지'는 '어떡하지'의 잘못입니다.

나 만큼 → 나만큼

'~와 비슷한 정도'라는 뜻의 격조사 '만큼'은 앞말과 붙여 씁니다.

~중이였는데 → ~중이었는데

'였다'가 '이었다'의 줄임이므로, '이였다'는 문법상 틀립니다.

짜증난다 → 짜증 난다

'짜증(이) 난다'에서 조사 '이'가 생략된 꼴이므로 띄어 씁니다.

먹고싶다 → 먹고 싶다

보조 용언 '싶다'는 본용언과 띄어 씁니다.

기대를 져버리다 → 기대를 저버리다

'져버리다'는 '저버리다'의 잘못입니다.

울 와이프 → 우리 아내

'울'은 '우리'를 불필요하게 줄인 형태입니다. 또, 외래어 '와이프'는 '아내'로 순화합니다.

마법같은 → 마법 같은

'마법 같은'의 '같은'은 형용사로 띄어 씁니다.

잘 하다 → 잘하다

'옳고 바르게 하다' 또는, '좋고 훌륭하게 하다' 등에 쓰이는 '잘하다'는 붙여 씁니다.

짱아찌 → 장아찌

'짱아찌'는 '장아찌'의 잘못입니다.

껍데기 → 껍질

'껍데기'는 달걀이나 조개 따위의 겉을 싸고 있는 단단한 물질을 뜻합니다. 겉이 딱딱하지 않은 양파에는 '껍질'을 씁니다.

아둥바둥 쫓아가는 두 사람.
이번에는 잘 할런지?

머리를 부딪혀 종을 울리면 되는데…….
알맞는 헬멧이 없다!

되려 호통치는 남 반장! 기죽은 막내동생!

아둥바둥 → 아등바등

'아둥바둥'은 '아등바등'의 잘못입니다.

할런지 → 할는지

'할런지'는 '할는지'의 잘못입니다.

부딪혀 → 부딪쳐

주어가 능동적으로 무언가와 부딪는 행동을 할 때, '부딪치다'를 씁니다.
반대의 경우엔 '부딪히다'를 씁니다.

알맞는 → 알맞은

형용사 '알맞다'에 결합하는 현재 관형사형 어미는 '-은'입니다.
따라서 '알맞은'이 맞습니다.

되려 → 되레

'도리어'의 준말로, 표준어는 '되레'입니다.

막내동생 → 막냇동생

'순우리말'+'순우리말' 형태의 합성어를 만들 때, 앞말에 받침이 없고 뒷말의 첫소리
가 된소리로 나는 경우 사이시옷이 들어갑니다. 따라서 '막냇동생'이 맞습니다.

서연

오후 3:30 서연씨! '까사 드 안토니오' 가 봤어요?

서연
새로 생긴 레스토랑이죠? 오후 3:31

오후 3:31 네!

서연
아니요. 왜요? 오후 3:31

오후 3:32 거기, 오징어 먹물 파스타 강추!! ^^

서연
먹물요? 음……. 왠지 이빨에 묻을 것 같은데……. 오후 3:33

ㅋㅋㅋ 뭐, 여러가지 종류가 있던데…….
오후 3:33 오늘 저녁에 같이 갈래요?

서연
그렇지 않아도 한 번 갈려고 했는데……. 좋아요! 오후 3:35

전송

어머니

오후 5:11 엄마, 우리 모의고사가 몇 일이더라?

어머니
21일. 이런것도 엄마한테 다 묻고, 큰 일이다. 오후 5:13

오후 5:15 ㅋㅋ이번에 약속 대로 성적 올릴테니까 5만원만요.

어머니
너~!! 벌써 그 핑계만 세번째야. 이번엔 또 뭐야? 오후 5:16

오후 5:17 아……. 자켓 하나 사고 싶은데 돈이 없어서……. ㅠㅠ

어머니
교복 입어! 아니면 승건이 옷 입던지. 오후 5:20

전송

서연씨 　　→　　 서연 씨

이름 뒤에 붙는 호칭어 '씨'는 띄어 씁니다.

강추 　　→　　 꼭 ~해 보세요.

인터넷 신조어 '강추'는 '강력하게 추천한다'의 줄임입니다. '꼭 ~해 보세요' 정도로 순화합니다.

이빨 　　→　　 이

'이빨'은 '이'를 낮잡아 이르는 말로, 주로 사람이 아닌 동물 등에 씁니다.

여러가지 　　→　　 여러 가지

'여러'는 뒤의 명사 '가지'를 꾸미는 관형사이므로 띄어 씁니다.

한 번 　　→　　 한번

어떤 일을 시험 삼아 시도할 때에는 '한번'이라고 붙여 씁니다.

갈려고 　　→　　 가려고

'가려고'의 원형 '가다'에서, 활용될 때 변하는 어미는 '다'입니다.
따라서 변하지 않는 어간 '가'는 그대로 남기고 '가려고'로 활용합니다.

몇 일 　　→　　 며칠

'몇 일'은 '며칠'의 잘못입니다.

이런것 　　→　　 이런 것

의존 명사 '것'은 앞말과 띄어 씁니다.

큰 일이다 　　→　　 큰일이다

'큰일'은 한 단어이므로 붙여 씁니다.

약속 대로 　　→　　 약속대로

조사 '대로'는 앞말에 붙여 씁니다.

올릴테니까 　　→　　 올릴 테니까

'테니까'는 '터이니까'의 줄임입니다. 의존 명사 '터'는 앞말과 띄어 씁니다.

5만원 　　→　　 5만 원

단위를 나타내는 명사 '원'은 띄어 씁니다.

세번째 　　→　　 세 번째

관형사 '세'와 횟수를 나타내는 의존 명사 '번째'는 띄어 씁니다.

자켓 　　→　　 재킷

'jacket'의 올바른 외래어 표기는 '재킷'입니다.

입던지 　　→　　 입든지

과거 회상을 나타낼 때에는 '~던지'를, 선택의 의미를 나타낼 때에는 '~든지'를 씁니다.

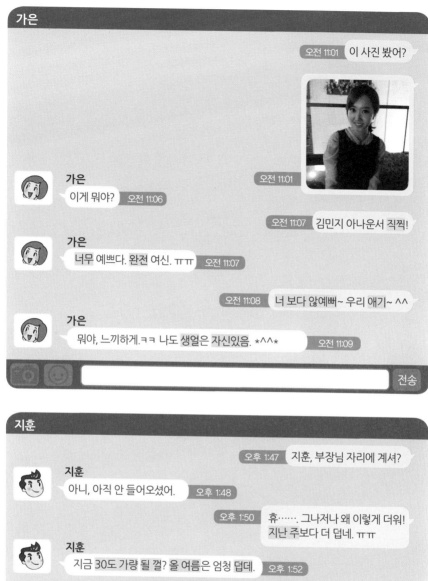

가은

오전 11:01　이 사진 봤어?

오전 11:01

가은
이게 뭐야?　오전 11:06

오전 11:07　김민지 아나운서 직찍!

가은
너무 예쁘다. 완전 여신. ㅠㅠ　오전 11:07

오전 11:08　너 보다 않예뻐~ 우리 애기~ ^^

가은
뭐야, 느끼하게.ㅋㅋ 나도 생얼은 자신있음. *^^*　오전 11:09

전송

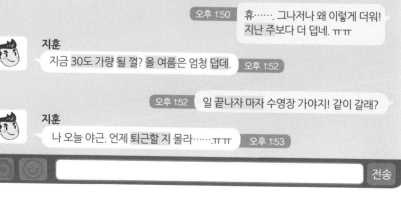

지훈

오후 1:47　지훈, 부장님 자리에 계셔?

지훈
아니, 아직 안 들어오셨어.　오후 1:48

오후 1:50　휴……. 그나저나 왜 이렇게 더워!
지난 주보다 더 덥네. ㅠㅠ

지훈
지금 30도 가량 될 껄? 올 여름은 엄청 덥데.　오후 1:52

오후 1:52　일 끝나자 마자 수영장 가야지! 같이 갈래?

지훈
나 오늘 야근. 언제 퇴근할 지 몰라……ㅠㅠ　오후 1:53

전송

직찍 → 직접 찍은 사진

인터넷 신조어 '직찍'은 원래의 의미대로 '직접 찍은 사진'으로 풀어 씁니다.

너무 → 정말, 매우

부사 '너무' 뒤에는 부정적인 말이 옵니다.

완전 → 완전히

명사 '완전'은 주로 명사 앞에 쓰입니다. 부사 '완전히'와는 쓰임이 다릅니다.

너 보다 → 너보다

조사 '보다'는 앞말에 붙여 씁니다.

않예뻐 → 안 예뻐

'안'은 '아니'를 줄인 것이므로 '안 예뻐'가 맞습니다. 또, 부정 부사 '안'은 뒷말과 띄어 씁니다.

애기 → 아기

'애기'는 '아기'의 잘못입니다.

생얼 → 민낯

인터넷 신조어 '생얼'은 순우리말인 '민낯'으로 순화합니다.

자신있다 → 자신 있다

'자신(이) 있다'에서 조사 '이'가 생략된 꼴이므로 띄어 씁니다.

지난 주 → 지난주

'지난주'는 한 단어이므로 붙여 씁니다. 단, '이번 주'와 '다음 주'는 띄어 씁니다.

30도 가량 → 30도가량

'정도'의 뜻을 가진 접미사 '가량'은 앞말에 붙여 씁니다.

될 껄 → 될 걸

화자의 추측을 나타내는 종결어미 '걸'은 불필요하게 된소리로 적지 않습니다.

올 여름 → 올여름

'올여름'은 한 단어이므로 붙여 씁니다.

덥데 → 덥대

누군가가 화자에게 말한 것을 남에게 다시 전할 때에는 '~대'를 씁니다.
반면, 자신의 의견을 말할 때에는 '~데'를 씁니다.

끝나자 마자 → 끝나자마자

'~자마자'는 연결 어미이므로 붙여 씁니다.

퇴근할 지 → 퇴근할지

'~ㄹ지'는 막연한 의문을 나타내는 연결 어미로, 앞말에 붙여 씁니다.

자주 틀리는 띄어쓰기

알쏭달쏭한 띄어쓰기! 알고 보면, 나름대로의 규칙이 있습니다. 아래의 정리를 예와 함께 익힌 후, 문자를 보내거나 메일을 쓸 때 실제로 사용해 봅시다. 조금만 주의를 기울이면, 틀리지 않고 자연스럽게 띄어쓰기를 할 수 있을 거예요!

1. 조사는 붙여 쓸 것!

너밖에, 너마저, 너처럼, 너도, 너만 등

2. 의존 명사는 띄어 쓸 것!

먹을 것이 많다, 먹을 수 있다, 먹을 만큼 먹어라, 먹은 지 오래됐다 등

3. 단위를 나타내는 명사는 띄어 쓸 것!

열 개, 열 마리, 열 살, 열 대, 십 원 등

※ 숫자와 함께 쓸 때는 붙여 쓸 수 있음.

10개월, 10년, 10달러 등

4. 보조 용언은 띄어 쓰는 것을 원칙으로 하고, 붙여 쓰는 것도 허용!

원칙	허용	원칙	허용
알 듯하다	알듯하다	알 만하다	알만하다
아는 척하다	아는척하다	알아 버렸다	알아버렸다
알 뻔하다	알뻔하다	알아 가다	알아가다

5. 성과 이름은 붙여 쓰고, 호칭어나 관직명 등은 띄어 쓸 것!

홍길동, 홍길동 씨, 홍길동 군, 홍길동 아나운서, 홍 대리

우리말 낭독 연습

우리말을 올바르게 쓰는 것만큼 중요한 것은 바르게 발음하는 것입니다. 아무리 좋은 표현이라도 정확한 발음과 길이를 지켜서 말하지 않으면 우리말이 지닌 고유의 아름다움과 전달력이 떨어질 수밖에 없겠죠? 이번에는 다양한 종류의 방송 대본을 통해, 표준 발음을 익혀봅시다. 실제로 방송을 진행한다고 생각하며 낭독한 후, 아나운서의 발음을 듣고 틀린 부분을 교정해 보세요!

QR코드를 찍어 오디오 파일을 바로 확인하세요!
홈페이지(www.eztok.co.kr)에서도
다운로드 받을 수 있습니다

뉴스

표시된 부분에 유의하며 지문을 읽어 보세요.

최근 불법 온라인 도박에 중독된 대학생들이 급증했습니다. 도박에 빠져서 빚을 지고 사채를 빌려 쓰는가 하면, 등록금을 탕진하는 사례도 속출하고 있습니다. 보도에 서영태 기잡니다.

미국 스피드 스케이팅의 간판, 제임스 피치 선수가 이번 동계올림픽을 끝으로 은퇴를 시사했다고, 미국 언론들이 보도했습니다. 최근 무릎 부상으로 인해 부진한 성적을 거뒀던 피치는, 이달 말 러시아로 전지훈련을 떠나 마지막 올림픽 준비에 박차를 가하겠다고 밝혔습니다.

현재, 서울을 비롯한 중서부 지역에 약한 빗방울이 떨어지고 있습니다. 이번 비는 오늘 밤 대부분 그치겠지만, 제주도에는 내일까지 5mm 안팎의 비가 더 내리겠습니다. 내일 아침 기온은 서울 14도 등 오늘과 비슷하겠고, 낮 최고기온은 서울 25도, 대전과 부산 26도로 오늘보다 6도가량 높겠습니다.

이제 아나운서의 발음을 들은 후, 따라 읽어 보세요.
01. mp3

[최:근] [불법] [온나인] 도박에 중독된 대학생들이 급증했습니다. 도박에 [빠:져서] [비즐] 지고 사채를 빌려 쓰는가 하면, 등록금을 [탕:진]하는 [사:례]도 속출하고 있습니다. [보:도]에 서영태 기잡니다.

미국 스피드 스케이팅의 간판, 제임스 피치 [선:수]가 이번 [동:계]올림픽을 [끄트로] 은퇴를 [시:사]했다고, 미국 언론들이 [보:도]했습니다. [최:근] 무릎 [부:상]으로 인해 부진한 성적을 거뒀던 피치는, 이달 말 러시아로 [전:지]훈련을 떠나 마지막 올림픽 [준:비]에 박차를 가하겠다고 밝혔습니다.

[현:재], 서울을 비롯한 중서부 지역에 약한 빗방울이 떨어지고 있습니다. 이번 비는 오늘 밤 [대:부분] 그치겠지만, [제:주도]에는 내일까지 5 [밀리미터] [안팍께] 비가 더 내리겠습니다. 내일 아침 기온은 서울 [십사:도] 등 오늘과 비슷하겠고, 낮 [최:고]기온은 서울 [이:십오:도], 대전과 부산 [이:십육 도]로 오늘보다 6도가량 높겠습니다.

※ 주의해야 할 발음

불법 [불법], 온라인 [온나인], 빛을 [비즐]
끝으로 [끄트로]
mm [밀리미터], 안팎의 [안팍께]

※ 주의해야 할 장음

최:근, 빠:져서, 탕:진, 사:례, 보:도
선:수, 동:계, 시:사, 보:도, 최:근, 부:상, 전:지훈련, 준:비
현:재, 대:부분, 제:주도, 십사: 도, 최:고, 이:십오: 도, 이:십육 도

라디오 DJ
표시된 부분에 유의하며 지문을 읽어 보세요.

'내가 그의 이름을 불러 주었을 때, 그는 나에게로 와서 꽃이 되었다.'

여러분, 안녕하세요? '좋은 아침, 더 좋은 라디오'의 OOO입니다.
오늘 아침은 하늘도 맑고, 공기도 참 상쾌하네요.
왠지 이런 가을 날씨와 잘 어울리는 시, 김춘수 시인의 '꽃'. 그 중에서도 제가 가장 좋아하는
부분을 들려 드렸습니다.
아마 이 시는 한 번쯤 들어 보셨거나 읊어 보셨을 것 같은데요, 저는 학창 시절에 교과서에
서 보고 열심히 외웠던 기억이 나네요.
오늘은 이 시구와 같이, 내 옆에 있는 친구, 동료들의 이름을 다정하게 불러 보세요. 그러면
아마도 마법처럼, 기분 좋은 일이 생길 거예요.
오늘 첫 곡입니다. Earth Wind & Fire의 'September'

이제 아나운서의 발음을 들은 후, 따라 읽어 보세요.
02. mp3

'내가 그의 이름을 불러 주었을 때, 그는 나에게로 와서 [꼬치] 되었다.'

여러분, 안녕하세요? [좋ː은] 아침, 더 [좋ː은] 라디오'의 OOO입니다.
오늘 아침은 하늘도 [말꼬], 공기도 참 [상ː쾌]하네요.
왠지 이런 가을 날씨와 잘 어울리는 시, 김춘수 시인의 '꽃'. 그 중에서도 제가 가장 [좋ː아하
는] 부분을 들려 드렸습니다.
아마 이 시는 한 번쯤 들어 보셨거나 읊어 보셨을 것 같은데요, 저는 학창 시절에 [교ː과서]
에서 보고 열심히 외웠던 기억이 나네요.
오늘은 이 [시꾸]와 같이, 내 옆에 있는 친구, 동료들의 이름을 다정하게 불러 보세요. 그러면
아마도 마법처럼, 기분 [좋ː은] 일이 생길 거예요.
오늘 첫 곡입니다. **Earth Wind & Fire**의 'September'

※ 주의해야 할 발음
   꽃이 [꼬치], 맑고 [말꼬], 교과서 [교과서], 시구 [시꾸]

※ 주의해야 할 장음
   좋ː은, 상ː쾌, 좋ː아하는, 교ː과서

TV MC

사회자 : 안녕하십니까?

　　　　 매주 새로운 요리의 비법을 전수해 드리는 'TV 맛의 정석'!

　　　　 오늘은 늦깎이 요리사, 제임스 강 씨를 모시고,

　　　　 놀라운 요리를 소개해 드리겠습니다. 안녕하세요?

출연자 : 안녕하세요? 제임스 강입니다.

사회자 : 오늘 만드실 요리, 굉장히 궁금한데요……. 먼저 재료부터 볼까요?

출연자 : 네, 오늘은 이 쌀국수면을 이용한 '닭가슴살 고추장 볶음면'을

　　　　 만들어 볼 건데요. 조리법도 쉽고 재료도 간단합니다.

사회자 : 저도 집에서 몇 번 쌀국수를 끓여 봤는데, 너무 잘 끊기더라고요.

출연자 : 면을 오래 삶으면 그럴 수 있어요. 시간 조절이 관건이죠.

사회자 : 그렇군요. 자, 그럼, '닭가슴살 고추장 볶음면'은 어떻게 만드나요?

출연자 : 먼저, 맑게 우려낸 육수에 면을 삶아 주세요. 준비된 닭가슴살은

　　　　 적당한 크기로 썰어 주시고요.

사회자 : 닭을 삶을 때, 어떤 점에 주의해야 하나요?

출연자 : 마늘을 넣고 삶으면, 닭에서 나는 냄새를 제거할 수 있어요.

사회자 : 아! 육수가 끓기 시작하는데요?

이제 아나운서의 발음을 들은 후, 따라 읽어 보세요.

03. mp3

사회자 : 안녕하십니까?

[매:주] 새로운 요리의 [비:법]을 전수해 드리는 'TV 맛의 [정:석]'!

오늘은 [늗까끼] 요리사, 제임스 강 씨를 [모:시고],

[놀:라운] 요리를 소개해 드리겠습니다. 안녕하세요?

출연자 : 안녕하세요? 제임스 강입니다.

사회자 : 오늘 만드실 요리, 굉장히 궁금한데요……. 먼저 재료부터 볼까요?

출연자 : 네, 오늘은 이 쌀국수면을 이용한 '닭가슴살 고추장 볶음면'을

만들어 볼 건데요, 조리법도 쉽고 재료도 [간단]합니다.

사회자 : 저도 집에서 몇 번 쌀국수를 끓여 봤는데, 너무 잘 [끈키더라고요].

출연자 : [면:]을 오래 [삼:으면] 그럴 수 있어요. 시간 조절이 [관건]이죠.

사회자 : 그렇군요. 자, 그럼, '닭가슴살 고추장 볶음면'은 어떻게 만드나요?

출연자 : 먼저, [말께] 우려낸 육수에 [면:을] [삼:아] 주세요. [준:비]된 닭가슴살은

적당한 크기로 [썰:어] 주시고요.

사회자 : [달글] [삼:을] 때, 어떤 점에 [주:의]해야 하나요?

출연자 : 마늘을 넣고 [삼:으면], [달게서] 나는 [냄:새]를 제거할 수 있어요.

사회자 : 아! 육수가 [끌키] [시:작]하는데요?

※ 주의해야 할 발음

늦깎이 [늗까끼], 간단 [간단], 끓기다 [끈키다], 관건 [관건], 맑게 [말께],

닭을 [달글], 닭에서 [달게서], 끓기 [끌키]

※ 주의해야 할 장음

매:주, 비:법, 정:석, 모:시고, 놀:라운, 면:, 삼:으면, 삼:아, 준:비, 썰:어,

삼:을, 주:의, 냄:새, 시:작

바이올리니스트! 작곡가! 공연 연출가!
실패를 두려워하지 않는 도전적인 삶을 살아 온 예술가, 윤수빈.

1988년, 17살이라는 어린 나이에, 각종 국제 콩쿠르의 상을 휩쓸며 음악계에 화려하게 등장!
그녀에게는 늘 '음악 신동', '천재 바이올리니스트'라는 수식어가 따라다녔다.

하지만 스무 살이 되던 해 교통사고를 당하고, 그 후유증으로 그녀는 늑막염에 시달려야 했
다. 통증을 견디려고 안간힘을 써 봐도 점점 굳어만 가는 몸……. 5년이란 시간은 그녀에게
지옥과도 같은 시간이었다.

결국 그토록 사랑했던 바이올린을 놓을 수밖에 없었지만, 그녀는 거기에서 포기하지 않았다.
비록 몸은 불편하지만, 음악이라는 꿈을 놓지 않은 윤수빈. 이제 그녀는 다재다능한 예술인
으로 주목받고 있다.

'몸은 늙어도, 열정은 늙지 않는다.'는 좌우명을 가진 진정한 예술가.
하고 싶은 일이 있으면 바로 실행에 옮기며 사는 것이 자신의 경쟁력이라고 말하는 윤수빈
을 지금 만나 본다.

이제 아나운서의 발음을 들은 후, 따라 읽어 보세요.
04. mp3

바이올리니스트! 작곡가! 공연 [연:출가]!
실패를 두려워하지 않는 도전적인 [삶:을] [살:아] 온 [예:술가], 윤수빈.

1988년, 17살이라는 어린 나이에, 각종 국제 콩쿠르의 상을 휩쓸며 음악계에 화려하게 등장!
그녀에게는 늘 '음악 신동', '천재 바이올리니스트'라는 수식어가 따라다녔다.

하지만 스무 살이 되던 해 교통사고를 당하고, 그 [후:유증]으로 그녀는 [능망념]에 시달려야
했다. [통:증]을 견디려고 [안깐힘]을 써 봐도 [점:점] 굳어만 가는 몸……. [5:년]이란 시간은
그녀에게 지옥과도 같은 시간이었다.

결국 그토록 사랑했던 바이올린을 놓을 수밖에 [없:었지만], 그녀는 거기에서 [포:기]하지
않았다. 비록 몸은 불편하지만, 음악이라는 꿈을 놓지 않은 윤수빈. 이제 그녀는 다재다능한
[예:술인]으로 [주:목]받고 있다.

'몸은 늙어도, 열정은 [늑찌] 않는다.'는 [좌:우명]을 가진 진정한 [예:술가].
하고 싶은 일이 있으면 바로 실행에 옮기며 [사:는] 것이 자신의 [경:쟁력]이라고 [말:하는]
윤수빈을 지금 만나 본다.

※ 주의해야 할 발음
  늑막염 [능망념], 안간힘 [안깐힘], 늙지 [늑찌]

※ 주의해야 할 장음
  연:출가, 삶:, 살:아, 예:술가, 후:유증, 통:증, 점:점, 5:년, 없:었지만, 포:기,
  예:술인, 주:목, 좌:우명, 사:는, 경:쟁력, 말:하는

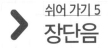

쉬어 가기 5
장단음

아래에 표로 정리한 동음이의어들은 발음을 어떻게 하느냐에 따라 그 뜻이 확연히 달라집니다. 특히, 소리를 어느 정도의 길이로 내는지가 발음의 관건이죠. 자, 이제 각 단어의 단음과 장음을 꼭 지켜가면서 큰소리로 읽어 봅시다!

단음	예문	장음	예문
눈	눈이 따갑다.	눈ː	눈이 내린다.
밤	밤이 깊었다.	밤ː	밤이 맛있다.
말	말이 달린다.	말ː	말 좀 천천히 해.
굴	굴이 비리다.	굴ː	굴에 들어가다.
벌	벌을 받다.	벌ː	벌에 쏘이다.
연기	연기가 나다.	연ː기	연기를 잘한다.
경기	경기가 침체됐다.	경ː기	경기에 출전하다.
사과	사과가 달다.	사ː과	피해자에게 사과했다.
감사	감사에 걸리다.	감ː사	감사의 뜻을 전합니다.
과장	김 과장이 누구죠?	과ː장	과장이 심하다.

색인

맞춤법 및 어휘

X	O	X	O
칠흙	칠흑	어의없다	어이없다
휴계실	휴게실	오뚜기	오뚝이
쌩뚱맞다	생뚱맞다	우뢰	우레
아구찜	아귀찜	개구장이	개구쟁이
괴변	궤변	갯수	개수
삭월세	사글세	돌맹이	돌멩이
윗층	위층	웬지	왠지
초생달	초승달	있다가	이따가
왠일	웬일	~할께	~할게
뵈요	봬요	아니오	아니요
(답을) 맞추다	(답을) 맞히다	오랫만에	오랜만에
~거에요	~거예요	않 해	안 해
~에 들리다	~에 들르다	떡볶기	떡볶이
금새	금세	모밀	메밀
찌게	찌개	곱 배기	곱빼기
달달이	다달이	멋장이	멋쟁이
돐	돌	바램	바람
설겆이	설거지	설레이다	설레다
챙피	창피	곰곰히	곰곰이
깊숙히	깊숙이	부주금	부조금
윗어른	웃어른	짤리다	잘리다
한턱쏘다	한턱내다	흐믓하다	흐뭇하다
(입맛이) 땅기다	(입맛이) 당기다	눈꼽	눈곱
웅큼	움큼	울궈먹다	우려먹다
구렛나루	구레나룻	(속을) 썩히다	(속을) 썩이다
쉽상	십상	으시대다	으스대다
괜시리	괜스레	짖궂다	짓궂다
겉잡을 수 없이	걷잡을 수 없이	짜투리	자투리
해꼬지	해코지	미끌어지다	미끄러지다
북어국	북엇국	빈털털이	빈털터리

X	O	X	O
(날이) 개이다	(날이) 개다	담구다	담그다
몇일	며칠	맛배기	맛보기
안절부절하다	안절부절못하다	(땀에) 쩔다	(땀에) 절다
짜집기	짜깁기	숫놈	수놈
딸리다	달리다	휴유증	후유증
승락	승낙	경쟁율	경쟁률
쑥쓰럽다	쑥스럽다	부시시하다	부스스하다
끼여들다	끼어들다	새침떼기	새침데기
재털이	재떨이	내노라하는	내로라하는
이 자리를 빌어	이 자리를 빌려	가능한	가능한 한
뗄레야 뗄 수 없는	떼려야 뗄 수 없는	눈쌀	눈살
쑥맥	숙맥	가시오가피	가시오갈피
사단	사달	어따 대고	얻다 대고
배멀미	뱃멀미	사사받다	사사하다
염두해 두다	염두에 두다	파토	파투
만발	만반	고난이도	고난도
승부욕	승리욕	되물림	대물림
괄세	괄시	깎듯이	깍듯이
핼쓱하다	핼쑥하다	주책이다	주책없다
닥달하다	닦달하다	천상	천생
뇌졸증	뇌졸중	간지르다	간질이다
갈갈이	갈가리	까탈스럽다	까다롭다
별에별	별의별	그리고 나서	그러고 나서
몰아 부치다	몰아붙이다	미식거리다	메슥거리다
추스리다	추스르다	뒤치닥 거리	뒤치다꺼리
엉겹결	엉겁결	연애인	연예인
추카	축하	문안하게	무난하게
내 꺼	내 것	저희 나라	우리나라
어떻하지	어떡하지	~이였다	~이었다
(기대를) 져버리다	(기대를) 저버리다	짱아찌	장아찌
(설을) 세다	(설을) 쇠다	아둥바둥	아등바등
(밤을) 새다	(밤을) 새우다	알맞는	알맞은

막내동생	막냇동생	되려	되레
애기	아기	갈려고	가려고
~할런지	~할는지	~할 껄	~할 걸

외래어 표기

X	O	X	O
부페	뷔페	스프	수프
도너츠	도넛	케익	케이크
초콜렛	초콜릿	메세지	메시지
로보트	로봇	링게르	링거
악세사리	액세서리	매니아	마니아
워크샵	워크숍	리더쉽	리더십
캐롤	캐럴	플랭카드	플래카드
나레이션	내레이션	가디건	카디건
프로포즈	프러포즈	탑	톱
자켓	재킷		

복수 표준어

O	O	O	O
찌끼	찌꺼기	옥수수	강냉이
짜장면	자장면	소고기	쇠고기
어저께	어제	어리숙하다	어수룩하다
떨어트리다	떨어뜨리다	외우다	외다
맨날	만날	먹거리	먹을거리
찌뿌둥하다	찌뿌듯하다	딴전	딴청
삐지다	삐치다	꼬시다	꾀다
굽실	굽신	허접스럽다	허접하다

개발새발	괴발개발	막대	막대기
사그라지다	사그라들다	속병	속앓이
이쁘다	예쁘다	마실	마을
찰지다	차지다	~고 싶다	~고프다

사자성어

X	O	X	O
홀홀단신	혈혈단신	풍지박산	풍비박산
성대묘사	성대모사	방방곳곳	방방곡곡
원상복귀	원상복구	동거동락	동고동락
야밤도주	야반도주	일사분란	일사불란
천장부지	천정부지	환골탈퇴	환골탈태

구별해서 써야 할 말

표현	예문
가늘다	머리카락이 가늘다.
얇다	종이가 얇다.
넘어	담을 넘어 들어갔다.
너머	담 너머를 바라보다.
~로써	눈물로써 호소하다.
~로서	사위로서 부족함이 없다.
틀리다	답이 틀리다.
다르다	나는 너와 다르다.
~던지	얼마나 덥던지 숨이 막힐 지경이었다.
~든지	오든지 가든지 마음대로 해.
나름	그 작품은 해석하기 나름이다.
나름대로	그는 나름대로 노력은 했다.

낳다	고양이가 새끼를 낳았다.
낫다	감기가 다 나았다.
가리키다	손가락으로 목적지를 가리켰다.
가르치다	선생님이 학생들을 가르쳤다.
잊어버리다	약속을 잊어버렸다.
잃어버리다	지갑을 잃어버렸다.
한창	바야흐로 가을이 한창이다.
한참	한참 동안 기다렸다.
메다	가방을 메고 학교에 갔다.
매다	매듭을 꽉 매야 안 풀린다.
부딪치다	손바닥을 세게 부딪쳤다.
부딪히다	앞차가 뒤차에 부딪혔다.
결재	결재 서류에 도장을 찍었다.
결제	대금을 카드로 결제했다.
붙이다	봉투에 우표를 붙였다.
부치다	어머니는 아들에게 용돈을 부쳤다.
늘이다	바짓단을 늘여야 한다.
늘리다	인원을 늘려야 한다.
갱신	만료된 여권을 갱신했다.
경신	그 선수는 신기록을 경신했다.
일체	그는 일체의 책임을 지고 사퇴했다.
일절	그런 행동은 일절 해서는 안 된다.
곤욕	그런 곤욕을 치르고도 당당하다니!
곤혹	그녀는 곤혹스러운 표정을 지었다.
반증	그 논리를 뒤집을 만한 반증을 대기 어렵다.
방증	이번 결과는 우리의 위상이 높아졌다는 방증이다.
재원	그녀는 지식과 미모를 겸비한 재원이다.
인재	이 학교는 우수한 인재를 많이 배출했다.
장본인	이 불미스러운 사고를 일으킨 장본인이 바로 그다.
주인공	어린이는 미래의 주인공이다.
껍데기	해변에서 조개껍데기를 주웠다.
껍질	밤껍질이 두껍다.

이빨	호랑이의 이빨은 날카롭다.
이	이를 잘 닦아야 한다.
한 번	다시 한 번 말해 줘.
한번	일단 한번 도전해 봐.

띄어쓰기

X	O	X	O
이같은	이 같은	그럴줄	그럴 줄
딴 생각	딴생각	잘어울리다	잘 어울리다
상관 없다	상관없다	배아프다	배 아프다
너때문에	너 때문에	일곱달	일곱 달
휴가중	휴가 중	넘어갈수는	넘어갈 수는
끝 없이	끝없이	못본	못 본
장대리	장 대리	떠난지 1년	떠난 지 1년
이틀 밖에	이틀밖에	올리지마	올리지 마
너무 하잖아	너무하잖아	빨리와	빨리 와
사람 보다	사람보다	가치있는	가치 있는
나 만큼	나만큼	짜증난다	짜증 난다
먹고싶다	먹고 싶다	마법같은	마법 같은
(공부를) 잘 하다	(공부를) 잘하다	서연씨	서연 씨
여러가지	여러 가지	이런것	이런 것
큰 일이다	큰일이다	약속 대로	약속대로
올릴테니까	올릴 테니까	5만원	5만 원
세번째	세 번째	안해	안 해
자신있다	자신 있다	지난 주	지난주
30도 가량	30도가량	올 여름	올여름
끝나자 마자	끝나자마자	퇴근할 지	퇴근할지

표준 발음

표기	X	O	표기	X	O
불법	[불뻡]	[불법]	온라인	[올라인]	[온나인]
빚을	[비슬]	[비즐]	끝으로	[끄츠로]	[끄트로]
mm	[미리미터]	[밀리미터]	안팎의	[안파게]	[안팍께]
꽃이	[꼬시]	[꼬치]	맑고	[막꼬]	[말꼬]
교과서	[교꽈서]	[교과서]	시구	[시구]	[시꾸]
늦깎이	[늗까기]	[늗까끼]	간단	[간딴]	[간단]
끊기다	[끈끼다]	[끈키다]	관건	[관껀]	[관건]
맑게	[막께]	[말께]	닭을	[다글]	[달글]
닭에서	[다게서]	[달게서]	끓기	[끌끼]	[끌키]
늑막염	[능마겸]	[능망념]	안간힘	[안간힘]	[안깐힘]
늙지	[늘찌]	[늑찌]			

장음

[최:근]	[빠:져서]	[탕:진]	[사:례]
[보:도]	[선:수]	[동:계]	[시:사]
[부:상]	[전:지훈련]	[준:비]	[현:재]
[대:부분]	[제:주도]	[최:고]	[이:십오: 도]
[좋:은]	[상:쾌]	[교:과서]	[매:주]
[비:법]	[정:석]	[모:시고]	[놀:라운]
[면:]	[삶:으면]	[썰:어]	[주:의]
[냄:새]	[시:작]	[연:출가]	[삶:]
[살:다]	[예:술가]	[후:유증]	[통:증]
[점:점]	[오:년]	[없:었지만]	[포:기]
[주:목]	[좌:우명]	[경:쟁력]	[말:하는]

순화어

X	O	X	O
네티즌	누리꾼	와이프	아내
강추	꼭 ~해 보세요	직찍	직접 찍은 사진
생얼	민낯		

어학연수 현지회화
무작정 따라하기

부록

**미니
표현사전**

- - - - - - - - - - - - -

특별 서비스

· 음성강의 무료 제공
· mp3 파일 무료 제공

라이언 강 지음 | 404쪽 | 19,000원

여권 없이 떠나는 미국 어학연수!

미국 20대들의 대화를 그대로 옮긴 대화문으로 **생생한 표현**을 익히고,
200여 컷의 현지 사진으로 **미국의 다양한 모습과 문화**를 체험한다!

난이도	첫걸음	초급	**중급**	고급	기간	**51일**

대상 기본기를 바탕으로 중급 수준으로
도약하고 싶은 독자

목표 미국 20대가 쓰는 표현으로 원어민처럼
자연스럽게 말하기

30장면으로 끝내는
스크린 영어회화 – 인사이드 아웃

구성
- 전체 대본
- 훈련용 워크북
- mp3 CD

강윤혜 해설 | 400면 | 18,000원

국내 유일! 〈인사이드 아웃〉 전체 대본 수록!

칸 영화제가 극찬한 '픽사 최고의 영화'!
〈인사이드 아웃〉의 30장면만 익히면 영어 왕초보도 영화 주인공처럼 말할 수 있다!

난이도	첫걸음 초급 중급 고급
대상	영화 대본으로 재미있게 영어를 배우고 싶은 독자

기간	30일
목표	30일 안에 영화 주인공처럼 말하기

30장면으로 끝내는
스크린 영어회화 – 도리를 찾아서

국내 유일! 〈도리를 찾아서〉 전체 대본 수록!

〈니모를 찾아서〉의 흥행 신화를 잇는 픽사 30주년 기념작!
〈도리를 찾아서〉의 30장면만 익히면 영어 왕초보도 영화 주인공처럼 말할 수 있다!

| 난이도 | 첫걸음 │ 초급 중급 │ 고급 | 기간 | 30일 |
| 대상 | 영화 대본으로 재미있게 영어를 배우고 싶은 독자 | 목표 | 30일 안에 영화 주인공처럼 말하기 |